조선시대
사람들이 경험한
질병의 고통과 치료

조선시대 사람들이 경험한 질병의 고통과 치료

초판 1쇄 인쇄일	2025년 11월 19일
초판 1쇄 발행일	2025년 11월 26일
기 획	한국국학진흥원
지은이	김성수
펴낸이	한선희
펴낸곳	국학자료원 새미(주)
	등록일 2005 03 15 제251002005000008호
	경기도 고양시 덕양구 권율대로 656 원흥동 클래시아 더 퍼스트 1519, 1520호
	Tel 02)442-4623 Fax 02)6499-3082
	www.kookhak.co.kr
	kookhak2010@hanmail.net
ISBN	979-11-6797-277-4 *94910
	979-11-6797-264-4 *94910 (세트)
가격	17,000원

ⓒ 한국국학진흥원 인문융합본부, 문화체육관광부

* 이 책의 한국어판 저작권은 한국국학진흥원과 문화체육관광부에 있습니다. 신저작권법에 의해 보호받는 저작물이므로 무단 전재와 복제를 금합니다.

* 저자와의 협의하에 인지는 생략합니다.
  국학자료원 · 새미 · 북치는마을 · LIE는 국학자료원 새미(주)의 브랜드입니다.

김성수 지음
한국국학진흥원 기획

조선시대 사람들이 경험한 질병의 고통과 치료

병록病錄과 의안醫案을 중심으로

국학자료원

◈ 책머리에

    한국국학진흥원은 2022년부터 문화체육관광부의 지원 아래 전통생활사총서 사업을 기획하였다. 이 사업은 전통시대 생활문화를 대중에게 널리 알리고자 해마다 20명의 생활사 전문 연구진을 섭외하여 추진해 왔다. 지난해까지 40종의 총서를 대중에게 선보였고, 올해도 다채로운 주제를 담은 20권을 발간하였다.
    한국국학진흥원은 국내에서 가장 많은 67만여 점에 이르는 민간 기록물을 소장하고 있는 기관이다. 대표적인 민간 기록물이라 할 수 있는 일기와 고문서는 당시 사람들의 일상을 세밀하게 이해할 수 있는 생활사의 핵심 자료이다.
    그동안 한국의 역사는 '조선왕조실록'이나 '승정원일기'와 같이 세계적으로 자랑할 만한 국가 기록물의 존재로 인해 중앙을 중심으로 이해되어 온 경향이 있다. 반면 민간의 일상생활에 대한 이해와 연구는 상대적으로 덜 주목받은 것도 사실이다. 다행히 한국국학진흥원은 일찍부터 민간에 소장되어 소실 위기에 처한 자료들을 수집하고 보존 처리하며 관리해 왔다. 나아가 이들 자료를 번역하고 심층 연구하여 대중에 공개했다. 이러한 민간 기록물을 활용하고 일반 대중에게 기여할 수 있는 효과적인 방법으로, '전통시대 생활상'을 생생하게 재현한 대중서로 집필하기에 이르렀다. 이는 일반인이 쉽고 재미있게 읽을 수 있는 전통생활사총서를 간행한 이유이기도 하다.

총서 간행을 위해 일찍부터 생활사의 세부 주제를 발굴하는 전문가 자문회의를 개최하고, 전통 생활문화를 가장 잘 구현할 수 있는 핵심 키워드를 선정하였다. 인간의 생활을 규정하는 보편적 분류인 정치, 경제, 사회, 문화의 큰 틀 아래, 매년 각 분야에서 핵심적이고 흥미로운 키워드를 선정하여 집필 주제를 정했다. 이번 총서의 키워드는 정치는 '지방 수령의 생활', 경제는 '시장 경제와 화폐 유통', 사회는 '질병과 의료', 문화는 '여가생활'이다.

각 분야마다 5명의 전공자로 집필진을 구성하고, 독자들이 어디서나 가볍게 들고 다니며 쉽게 읽을 수 있도록 다양한 사례를 풍부하게 담아달라고 요청하였다. 풍부한 사례 제시와 더불어 전문 연구자의 깊이 있는 시각을 담아 대중성과 전문성을 동시에 담보할 수 있는 것이 본 총서의 매력이다.

전문적인 서술로 대중을 만족시키기는 결코 쉽지 않다. 원고 의뢰 이후 5월과 8월에는 각 분야의 전공자를 토론자로 초청하여 2차례의 포럼을 진행하였고, 11월에는 완성된 초고를 바탕으로 대규모 학술대회를 개최하였다. 포럼과 학술대회를 통해 원고의 방향과 내용이 더욱 견고해지도록 점검하는 시간을 가졌다. 원고 수합 이후에는 각 책마다 전문가 3인의 심사 의견을 받았다. 출판사를 선정하여 수차례의 교정과 교열 작업을 거치며 완성도를 극대화했다. 책이 세상의 빛을 보기까지 꼬박 2년이 걸렸다. 짧다면 짧은 기간이지만, 2년의 응축된 시간 동안 꾸준히 검토 과정을 거쳤고, 토론과 교정을 통해 원고의 완성도를 높이기 위해 분주히 노력했다.

전통생활사총서는 국내에서 간행하는 생활사총서로는 가장 방대한 규모이다. 국내에서 전통생활사를 연구하는 학자 대부분을 포함하였다. 2024년도 한 해의 관계자만 연인원 백 명이 넘는 명실공히 국내 최대 규모의 생활사 프로젝트이다.

1990년대 이후 폭발적으로 증가했던 일상생활사와 미시사 연구에 대한 학계의 관심이 근래 들어 다소 소홀해진 상황이다. 본 총서의 발간이 생활사 연구에 활력을 불어넣는 계기가 되기를 기대한다. 연구의 활성화는 연구자의 양적 증가로 이어지고, 연구의 질적 향상 또한 이끌 것이다. 이는 전통문화에 대한 대중들의 관심 역시

증폭시키는 선순환을 만들어 낼 것이라 고대한다.

본 총서는 한국국학진흥원의 연구 역량을 집적하고 이를 대중에게 소개하기 위해 기획된 대표적인 사업 중 하나이다. 참여 연구자의 대다수가 전통시대 전공자이며 앞으로 수년간 지속적인 간행을 준비하고 있다. 올해에도 20명의 새로운 집필자가 각 어젠다를 중심으로 집필에 들어갔고, 내년에 또 20권의 책이 간행될 예정이다. 앞으로 계획된 총서만 100권에 달하며, 여건이 허락하는 한 이 소중한 작업을 지속할 예정이다.

대규모 생활사총서 사업을 지원해 준 문화체육관광부에 감사하며, 본 기획이 가능하게 된 것은 한국국학진흥원에 자료를 기탁해 준 분들 덕분이다. 다시 한번 깊이 감사드린다. 아울러 총서 간행에 참여한 집필자, 토론자, 자문위원 등 연구자분들께도 진심으로 감사 인사를 전한다. 책의 편집을 책임진 국학자료원에도 고마움을 표한다. 이 모든 과정은 한국국학진흥원 여러 구성원들의 노력이 있었기에 가능했다.

2025년 11월
한국국학진흥원 인문융합본부

차례

책머리에   4

들어가는 말   10

1. 환자를 괴롭힌 질병들   19

의서에 나타난 조선의 질병   21
조선을 할퀸 전염병   30
16세기 이문건李文楗이 경험한 일상의 질병   39

2. 병록에 보이는 고통의 기록   47

일기에 질병을 기록한 이유   49
치료를 문의하는 병록病錄   58
병록 속 환자의 사연들   68

3. 의원의 치료와 의안   79

의원이 되는 과정   81
의원의 진료 경험, 의안醫案   91
의안을 기록한 이유   102

4. 환자와 의원의 관계   115

    의료 윤리와 좋은 의원   117
    의료계의 변화를 맞이한 환자   128
    의원 선택의 갈림길   137

5. 질병과 치료로 보는 조선   149

    질병은 왜 생겨나는가?   151
    질병이 말하는 조선 사회   161
    질병으로 본 인체와 자연   170

    나오는 말_ 남겨진 과제   177

    주석   183

    참고문헌   196

◈ 들어가는 말

  사회와 역사라는 공간·시간을 살아간 사람들의 이야기에 주목하는 생활사 항목에서 빠질 수 없는 것이 의학 혹은 의료라고 할 수 있다. 한 인간의 일생을 두고 익숙하게 생로병사生老病死로 규정하는 표현에도 의학적인 관점이 분명히 반영되어 있다. 그런데 의료는 개인의 영역을 넘어 특정 사회의 제도나 문화적인 양상을 살피는 데에도 중요하다.

  과학혁명 이후로 의학은 치료의 기술을 넘어 하나의 과학 분야로 자리매김하였지만, 의학의 실천 과정 즉 치료에서 각 구성원 사이에 일련의 문화적 맥락이 작용한다는 사실을 부인할 수 없기 때문이다. 특히 전통사회에서 의학은 이론과 실천의 측면에서 인문적 혹은 사회·문화적 맥락이 매우 중요하게 작용했다. 따라서 전통사회의 의학을 올바르게 살펴보기 위해서는 당시 사회에 대한 올바른 이해가 전제되어야 하지만, 동시에 의학이라는 여과지를 통해 그 사회의 숨겨진 면모의 파악이 가능하다는 장점도 있다.

  조선시대의 의학 또는 의료(환경)를 살피는 데 있어서 다양한 분야를 언급할 수 있다. 국가의 제도, 의료기관, 의사(의원),[1] 질병 등 여러 방면으로 학계의 연구가 진행되었기에, 상당히 많은 사실이 밝혀져 있다. 그럼에도 일반인에게 낯선 병록病錄과 의안醫案을 주목하는 이유는 의학을 구성하는 세 가지 요소가 가장 적절하게 드러나기 때문이다. 그 요소는 아픈 환자와 이를 치료하는 의원, 그리고 환자와 의원을 연결하는 매개체로서 질병(과 약물)이다.

병록은 환자의 상태를 기록한 문건이며, 의안은 의원이 어떻게 치료했는지를 서술한 기록이다. 언뜻 비슷해 보이지만, 문서의 작성 주체가 전자는 환자나 환자가 있는 집안이라면, 후자는 의원이라는 점에서 차이가 있다. 이들 기록에는 질병과 치료의 상세한 과정이 드러나며, 동시에 사회 속에서 환자와 의원이 존재하는 방식과 그들 사이의 역학관계도 기술된다.

현재 남아 있는 병록과 의안의 숫자는 많지 않다. 따라서 이를 통계적으로 구성하여 조선시대의 질병 양상을 살피는 일은 어렵지만, 적어도 환자와 의원 사이의 관계, 이들이 질병을 이해하는 방식 등은 충분히 살펴볼 수 있다. 그리고 이를 통해 신분제로 운영되던 조선 사회 내부에서 그와 다르게 작동하는 다양한 인간관계와 질병으로 대표되는 자연에 대한 인식이 어떠했는지도 알아볼 수 있다.

고통과 치료는 환자와 의원 사이에 벌어지는 일이기도 하지만, 동시에 그들이 속한 공동체의 영향에서 벗어날 수 없다. 작게는 각자의 가족에서 시작해, 지역 공동체나 의원처럼 직분을 같이 하는 공동체도 있으며, 크게는 한 국가, 다시 국가 간의 국제적 관계망에 이르기까지 다양하다. 개인이 직접 관계를 맺고 있는 영역은 극히 좁더라도, 연속되는 관계망 안에서 우리는 알지 못하는 사이에 그 영향을 받게 된다. 이러한 사정은 조선시대라고 해서 크게 다르지 않다. 그렇기에 현대를 살고 있는 우리가 당시를 이해하기 위해서는 조선의 의료 환경 전반에 걸친 이해와 다시 그것을 둘러싼 거시적인 모습을 충분히 이해할 필요가 있다.

2024년 전 세계에서 가장 유망한 기업은 비만치료제를 개발한 덴마크의 제약회사인데, 20년 사이에 시가총액이 무려 30배가 상승했을 정도라고 한다. 전 세계에는 수십억의 비만 환자가 있을 만큼, 현대 사회는 풍족의 시대라고 할 수 있다. 그러나 불과 몇백 년 전만 하더라도 이러한 풍요는 상상하기 힘들었다. 농업생산력을 비약적으로 증대시킨 질소비료가 등장한 시기는 20세기 초중반이며, 그 이전에는 이른바 퇴비로 불리는 자연 비료가 사용되었다. 이는 농업의 영역에서도 매우 작은 부분이며, 기계나 농약의 사용, 관개시설의 정비 등을 고려할 때, 얼마나 큰 변화가 있었는지 상상하기도 어렵다. 한국에서 보릿고개라는 말이 1960년대 초반까지도 유행했으며, 학생들은 '혼식장려'라는 명분 아래 점심 도시락의 검사를 받았다. 혼식의 장려는 건강보다는 쌀이 귀한 상황을 타개하기 위한 구호였다.

바로 몇십 년 전에도 이러했는데, 조선시대의 농업환경은 지금과 비교해서 매우 열악한 상태였다. 작은 천을 막아서 농업용수를 확보하는 보洑 제작 기술이 발전·보급되었다고 하지만, 여전히 기후의 상황에 따라 풍흉이 결정되었다.[2] 홍수와 가뭄은 피할 수 없었고, 비료도 맘껏 쓸 수준은 아니었으며, 결과적으로 항상 굶주림에 시달려야 했다. 배고픔과 면역력은 반비례 관계로, 굶주림은 언제나 질병에 견디기 힘든 육체를 선물(?)로 주었다. 일상의 많은 질병 외에도, 그토록 다양한 전염병에 시달려야 했던 이유였다. 이것은 한반도만의 특징이 아닌, 생산력을 증대시킨 과학의 발전과 현대 의학이 성립하기 이전의 전 세계가 겪은 고달픈 현실이었다.

다음으로 생각할 부분은 의학이 당시 사회에서 어떠한 방식으로 작동하는가 하는 문제이다. 현재 우리는 자유와 평등이라는 사회적 가치가 중시되는 민주주의 사회에서 살고 있다. 과거 역사 속에 보이는 특권적 요소가 사라졌다고는 하지만, 자본의 소유에 따라 실제로는 사회 내면에 불평등이 작동한다. 언제나 자본을 가진 사람이 한 걸음 앞에서 출발하게 되는 구조인 것처럼, 조선 사회는 철저히 신분제身分制 원리에 의해 작동되는 사회였다.

조선 사회에서 사람들이 가진 호패戶牌의 형태와 색깔은 그들의 현재 삶과 미래의 방향까지도 결정했다. 즉 양반인가, 중인인가, 아니면 그저 상민인가, 혹 천민인가 하는 신분은 한 인물의 생애와 그 가족의 삶을 결정짓는 가장 핵심적인 요소였다. 이 때문에 의학의 구체적 실현에 두 가지 신분(혹은 계급)적 속성이 발현된다. 의학을 실행하는 의사는 신분제라고 하는 사회적 규약에 철저히 묶여 있었고, 반면에 의사의 치료를 제공받는 개인 역시 자신이 속한 신분적 위치에 크게 구속받았다.

현재도 마찬가지이지만, 의료의 제공은 철저히 환자의 사회적 위치에 종속된다. 즉 최하 빈민층이 최상 부유층에게 주어지는 의료를 제공받을 수 없다는 점은 자본주의 사회의 당연한 의료 현실이다. 마찬가지로 중세 국가인 조선에서는 왕실이 최상위층을 당연하게 형성하며, 그 아래로 양반층이, 다시 중인과 상민층 가운데 부유한 순서대로 의료는 제공되었을 것이다. 그리고 천민은 그야말로 가장 마지막에서야 의료라는 과실을 겨우 맛볼 수 있었을 것이다. 의학은 과학이라고 말하지만, 철저히 권력의 유무에 따라 운영되는 사회적이며 동시에 인문적인 요소에 크게 영향을 받았다.

500여 년이라는 긴 시간 동안 유지된 조선 왕조에서 제도화했고 현실에서 운영되었던 의료를 이해하기 위해 요구되는 최소한의 전제 조건을 살펴보았다. 물론 여러 객관적인 조건들이 있지만, 크게 보면 생산력의 불완전성과 전근대적 신분제 사회라는 지표는 분명하게 기억할 필요가 있다. 두 가지는 조선 왕조가 건립되고, 최종적으로 일제의 강제 병합으로 사실상 왕조의 멸망이 이루어질 때까지 지속되었다. 그렇다고 의료 현장에 전혀 변화가 없었던 것은 아니다. 매우 완만하지만 분명하게 변화가 있었고, 몇 가지 측면에서 고찰해 볼 수 있다.

  학문적인 방면에서 의학의 변화와 발전은 지속되었다.[3] 잘 알려진 바와 같이, 세종에 의해서 의서의 정리와 의학의 연구가 집중적으로 진행되었다. 85권의 『향약집성방鄕藥集成方』이나 365권의 『의방유취醫方類聚』와 같은 방대한 의서가 편찬되었고,[4] 『창진집瘡疹集』과 『태산요록胎産要錄』처럼 전염병과 출산 관련 전문 의서도 동시에 만들어졌다. 그리고 이러한 의서의 편찬·출판은 이후 200여 년이 지나서, 허준許浚에 의해 『동의보감東醫寶鑑』으로 집대성되어 조선의 독자적인 의학인 동의東醫가 형성되었다. 『동의보감』은 간행 이후, 조선의 의원뿐만 아니라 글을 아는 다양한 계층에게 널리 읽혔다. 즉 조선 의학의 전범이 되었다고 할 수 있는데, 의원과 환자 모두 『동의보감』을 통해 의학에 한걸음 쉽게 다가갈 수 있게 되었다.

이 글에서 주로 다루게 될 환자와 의원과의 관계에서도 중요한 변화가 있었다. 그 변화의 시작은 의원이 진단하고 처방하는 약물을 통해서 이루어졌다. 조선 초기에는 약물 사용에 있어 커다란 변화가 일어났는데, 고려 말부터 진행되었던 향약鄕藥의 중요성이 재차 강조된 것이다. 단순히 중요하다고 외친 정도가 아니라, 실제로 향약을 효과적으로 사용하기 위한 정책이 여러 형태로 실시되었다. 특히 세종 때에는 전국에서 생산되는 향약을 면밀히 조사하고, 그 진품 여부를 중국에 보내는 사신 편에 확인했다. 그리고 향약을 채취하고, 약재로 사용하기 위해서 말리거나 찌는 등의 수치법修治法을 정리한 의서인 『향약채취월령鄕藥採取月令』을 편찬했다. 그리고 마침내 향약만을 가지고 당시까지 알고 있던 모든 질병을 치료하는 데 참고할 수 있는 의서로 『향약집성방』을 편찬하기에 이르렀다.

『향약집성방』의 등장은 단순히 의서 한 권이 나온 이상의 의미였다. 이제 조선의 사람들은 중국에서 수입한 값비싼 당약唐藥을 사용하는 어려움에서 벗어날 수 있게 된 것이다. 수입 약재는 당연히 가격이 비쌌으며, 필요한 만큼 약재를 조달할 수 없다는 한계도 분명했다. 수입 약재는 일반인이 사용하고 싶어도 사용하기 어려운 대상이었으며, 속된 말로 '그림의 떡'이라는 표현이 적절했다. 그런데 중국의 약재가 꼭 필요할 때가 아니라면 값이 싸고, 언제든지 구할 수 있는 향약을 효과적으로 이용할 수 있게 된 것이다. 요샛말로 치자면 우리가 늘 접하는 대표적 해열 진통제인 아스피린이나 타이레놀을 국내에서 직접 만들게 된 상황과 비슷하다. 많은 사람이 치료의 혜택을 누릴 수 있는 계기가 마련되었고, 이에 조선 왕조를 새로 일으키면서 내걸었던 기치인 백성을 살리는 '인자한 정치仁政'를 실현했다고 자부했다.[5]

한편 조선 후기에 이르러 상품화폐 경제가 발전하고 도시화와 상업화가 본격화되면서, 특히 한양과 같은 도회지를 중심으로 의약의 상품화가 급격히 전개되었다. 그리고 정치적으로 몰락한 이들이 의학에 뛰어들면서 의원의 수가 늘어나기 시작했다. 원래 조선의 의료 정책에 따라 육성되는 의생과 의관의 수는 많지 않았다. 일차적으로 각 군현에서 약간의 의생醫生을 교육하고, 이들 가운데에서 총명한 의생을 선발해서 한양의 전의감典醫監과 혜민서惠民署로 보내 재차 교육해서 의원으로 양성했다. 그 의생의 숫자가 전의감에 30명, 혜민서에 50명이다. 물론 이들이 전부 국가의 의료기관이라고 말할 수 있는 내의원內醫院, 전의감, 혜민서에서 의관으로 일할 수 있었던 것은 아니기에, 본래의 고향으로 돌아가 의원으로 활동했을 것이다. 그렇지만 그 숫자는 필요에 비해서 매우 부족했다. 16세기까지 유난히 유의儒醫, 즉 의학을 아는 유학자들의 의료 활동이 많은 이유였다.

그런데 조선 후기에는 직업인으로서 통상 상업의商業醫라고 부르는 의원이 유의를 대체할 정도로 다수 등장했다. 이는 의학이 '인자함을 실천하는 기술仁術'에서 '자본을 획득하기 위한 기술'로의 전환을 알리며, 동시에 경제적 활력이 증가하는 조선 후기 사회의 변화도 분명하게 보여준다. 이제 의원의 수가 늘어나면서 전과 달리 많은 변화가 일어났다. 당연히 환자들은 여러 의원을 만날 기회가 생겼다는 좋은 점도 있었지만, 한편으로는 어떤 의원을 선택해야 하는지로 고민하는 불편함도 생겼다. 물론 권력과 재력이 있는 사람들에게 주어진 혜택이기는 하다. 또 늘어난 의원들 사이의 경쟁도 치열해졌다. 이 글에서 주로 살펴볼 환자나 의원의 생존·활동 시기가 주로 조선 후기라는 점에서, 그와 같은 모습을 자주 접하게 될 것이다.

지금까지 조선시대의 의학과 관련해서는 주로 유명한 의원이나 의서, 내지는 의학 이론 등을 중심으로 약간은 막연하게 다가왔다. 이제 의학(의료)의 장면을 아픈 환자와 치료의 실행자인 의원들이 남긴 기록을 중심으로, 보다 생동감 있게 살펴보자. 그리고 쉽지는 않겠지만, 진료를 통해 드러나는 조선 사회의 다양한 단면들을 소개하고, 당시 사람들이 건강과 질병이라는 상황 속에서 자연을 어떠한 방식으로 이해하고 있었는지도 약간은 언급될 것이다.

1

환자를 괴롭힌 질병들

의서에 나타난 조선의 질병

조선시대를 살았던 사람들은 과연 어떤 질병을 앓았을까? 이 질문에 대한 해답으로 질병의 리스트를 제시할 수도 있겠지만, 그 구체적이고 상세한 상황을 파악하기는 쉽지 않다.[6] 가령 리스트에 거론된 질병 가운데, 가장 흔한 질병이 무엇이었고, 질병으로 인한 전체 사망률의 분포는 어떠하며, 치료를 통해 질병을 고치거나 생명을 살릴 확률은 얼마나 되는가와 같은 질문에 대답하기란 매우 어렵다. 당시는 현재와 같이 국가적 통계가 집계되지 못했던 시기였고, 관련 기록을 전부 확인하여 정리하는 일도 불가능해 보인다. 게다가 그렇게 정리가 된다고 한들, 그것이 당시 현실을 정확히 반영한다고 보기도 어렵다.

우리의 궁금증을 풀어줄 자료의 확보가 사실상 불가능하다는 점에서, 우선 추적이 가능한 질문부터 차근차근 살펴보자. 앞에서 말한 한계에도 불구하고, 당대에 편찬된 의서에서 제시하고 있는 질병의 리스트를 검토하는 것이 유용하다. 의서에는 어쩔 수 없이 편찬 당시 중시하는 질병이 언급된다는 점에서 조선인들이 주로 겪었을 질병을 알려면, 그들이 치료하려고 했던 질병의 목록을 먼저 알 필요가 있기 때문이다.[7] 다만 여기에도 질병의 순위를 파악할 수 없다는 한계가 분명히 존재한다.

　그렇다면 어떤 의서를 선택할지가 중요한데, 조선 왕조가 500년을 넘게 지속했다는 점에서 이는 매우 당연한 문제다. 그렇지만 그 긴 시간 동안 자연환경이나 사회구조가 급격하게 변화하지 않았고 새로운 질병의 등장도 흔하지 않다는 점을 고려할 때, 우선 조선 전기에 편찬된 의서를 살펴보는 것만으로도 충분할 수 있다. 이에 조선 전기의 의서를 선택해서 살펴보고, 이어서 조선 말기의 자료로 부족한 부분을 채워나가자.

　조선 전기에 간행된 의서 가운데 현존하는 의서는 많지 않다. 조선에서 독자적으로 편찬된 최초의 의서로 알려진 것은 『향약제생집성방鄕藥濟生集成方』인데, 정종 때에 간행된 이 책은 전부가 아닌 일부만 존재한다는 점에서 분석의 대상에서 제외한다.[8] 그렇다면 15세기에 간행된 의서로는 세종 때 편찬된 『향약집성방鄕藥集成方』, 『의방유취醫方類聚』가 유일하다. 그중에서 『향약집성방』이 임상 현장에서 주로 사용되었음을 상기하면,[9] 조선 전기를 살았던 사람들이 파악한 질병의 범주를 『향약집성방』으로 어느 정도 검토할 수 있다.

　1433년(세종 15)에 간행된 『향약집성방』은 85권의 책으로, 여기에는 959개의 증상, 10,706개의 처방이 실려 있다고 한다.[10] 당시 책의 분량이 지금과 같지 않다는 점을 고려해도 85권은 어마어마한

양인데, 거론된 증상 또한 1,000여 개에 달할 정도였다. 증상은 크게 문門으로 해서 분류되어 있는데, 『향약집성방』에 실려 있는 질병의 대분류라고 할 '문'을 열거해 보면 다음과 같다.

<표 1> 『향약집성방』 병문 현황

	병문	소재 권수		병문	소재 권수
1	풍문風門	1-4	24	제해문諸咳門	24-25
2	상한문傷寒門	5-8	25	제기문諸氣門	25
3	열병문熱病門	9	26	담음문痰飮門	25
4	서문暑門	9	27	구토문嘔吐門	26
5	습문濕門	9	28	열격문噎膈門	26
6	적열문積熱門	10	29	비위문脾胃門	27
7	학병문瘧病門	10	30	충독문蟲毒門	27
8	각기문脚氣門	11	31	비뉵문鼻衄門	28-29
9	요통문腰痛門	12	32	두문頭門	29-30
10	곽란문霍亂門	12-13	33	안문眼門	30-32
11	현훈문眩暈門	13	34	이문耳門	33
12	제허문諸虛門	14	35	비문鼻門	33
13	경계문驚悸門	15	36	구설문口舌門	34
14	허손문虛損門	15	37	치아문齒牙門	34-35
15	노채문勞瘵門	16	38	인후문咽喉門	36
16	삼소문三痟門	16-17	39	제리문諸痢門	37-38
17	수병문水病門	17	40	치루문痔漏門	39
18	황병문黃病門	18	41	옹저창양문癰疽瘡瘍門	40-47

	병문	소재 권수		병문	소재 권수
19	대소변문大小便門	19-20	42	절상질박문折傷跌撲門	47-48
20	제임문諸淋門	20-21	43	제손상문諸損傷門	48-49
21	제산문諸疝門	21	44	충수상문蟲獸傷門	49-51
22	적취문積聚門	22	45	중제독문中諸毒門	51
23	심통문心痛門	23			

총 45개에 달하는 병문病門으로 전체의 질병을 나누고 있는데, 여기서 말하는 병문은 질병의 원인과 증상이 혼합된 상태로 제시된 분류 기준임을 먼저 이해할 필요가 있다. 그리고 각 병문에는 다시 세부 증상에 따라 다시 병증이 구분되고, 그것이 총 959개의 항목이 된다. 간단히 나눈다면 1개의 병문 당 20여 개의 세부 항목이 나열되는 셈인데, 실제로는 중풍中風과 상한傷寒의 경우에는 매우 많은 수의 항목이 있어서 병문 간의 편차가 상당히 존재한다.[11]

이상의 내용을 전제로 질병을 개략적으로나마 분류해 보면, 가장 중요하게 생각한 것은 중풍과 상한이었다. 중국 후한後漢 시대의 장중경張仲景이 저술한 『상한론傷寒論』 이래 상한과 중풍은 전통 의학에서 이른바 대병大病으로 불리며 언제나 중시되었는데,[12] 상한과 중풍의 진단에는 오한惡寒과 발열發熱, 그리고 바람을 싫어하는 오풍惡風 증상의 유무가 주된 근거였다. 이에 더해 『향약집성방』에서는 기본적으로 질병을 일으키는 원인으로 이해된 육음六陰인 풍風·한寒·서暑·습濕·조燥·화火에 따라 구분했다. 가령 중풍에는 우리가 잘 아는 입이 돌아가는 구안와사口眼臥斜나 몸의 한쪽을 쓰지 못하는 반신불수半身不遂 등의 증상이 있고, 이런 증상의 원인이 풍에 의해서 발생한 것이라고 판단되었을 때 중풍문에 속했다. 이후 『향약집성방』에서는 서병·습병을 나열하였고, 화가 원인이 되는 열병을 마지막에 제시한다.

그 외에는 병증이 나타나거나 통증이 발생하는 부위로 구분하고, 혹은 특유의 증상을 통해서도 나누었다. 오늘날 이비인후과에 해당하는 안문, 이문, 비문, 인후문, 구설문, 치아문 등이나 심통心痛[가슴통증], 비위脾胃[소화기 질병], 각기脚氣, 요통腰痛 등이 이 범주에 해당했다. 또 곽란霍亂, 현훈眩暈, 경계驚悸, 노채勞瘵, 적취積聚, 산疝, 구토, 열격噎膈 등은 특유의 증상으로 질병을 구분한 것이라고 할 수 있다.

질병의 원인을 중심으로 분과별로 전문화된 오늘날의 질병 분류 체계와는 사뭇 다른 모습이다. 또한 『향약집성방』의 편찬에 많은 영향을 미쳤다고 평가받는 중국 송나라 때의 『태평성혜방太平聖惠方』이나 『성제총록聖濟總錄』 등과 비교해도 분류에 있어서 상당한 차이가 있다.[13] 그 이유가 명확하게 밝혀져 있지 않지만, 아마도 『향약집성방』의 편찬자들이 조선의 상황에 어느 정도 부합하는 의서를 만들려고 했기 때문인 듯하다. 그렇다면 질병 혹은 병증의 배열이 조선에서 자주 발생하여 주목할 만한 것을 기준으로 삼았을 가능성이 있다.

중풍과 상한 이하 열병, 서증, 적열, 학병 등은 대부분 발열의 증상을 나타내는 질병군이라고 할 수 있다. 다음으로 각기는 고대부터 중시되던 질병이며, 영양의 불균형으로 인하여 발생했다. 곽란은 통상 토사곽란吐瀉癨亂으로 불리는 병으로, 토하고 설사하는 증상이 대표적이다. 다음으로 현훈[어지럼증], 제허, 경계[불안증], 허손虛損[무력증], 노채[결핵 유사증] 등은 대부분 오장육부의 기운이 약해져서 발생하는 질병으로, 대개 신체적 무력감이 주된 증상이며 허로虛勞라는 큰 범주에서 묶을 수 있는 질환들이다.

그리고 현대 의학적으로 말한다면 당뇨와 유사한 삼소三痟, 몸이 붓는 수병水病이나 얼굴 등이 누렇게 변하는 황병黃病 등도 있는데, 이들은 질병의 증상이 소변이나 수水로 나타난 경우였다. 이어서 배설 문제로 인한 병인 대소변, 림淋, 산[생식기 부종], 적취[복부 내 덩어리] 등을 거론한다. 이후 호흡기 질병으로, 유행성 혹은 계절성 호흡기 질환에서 주로 발견되는 기침, 가래 등인 제해諸咳, 제기諸氣, 담음이 있으며, 소화계통의 병으로 구토, 열격[식도 질환], 비위, 고독 등이 언급된다. 다음으로 이비인후 분야가 나오며, 이질痢疾, 치질痔疾, 옹저癰疽, 악성 종기, 창진瘡疹과 물건이나 해충·동물 등에 상해를 입는 것, 중독에 관한 내용이 서술된다.

대체로 이러한 분류에서 질병이 나열되고 있지만, 실제 『향약집성방』에서의 배열과 완전히 일치하는 것도 아니다. 그렇지만 적어도 이를 통해서 조선 전기의 사람들이 계절적으로 발생하는 유행병과 영양부족이나 질병으로 인한 허약증, 호흡기 및 소화기 계통의 질병, 배설 기능의 문제 등을 중요하게 여겼다고 파악해도 크게 틀리지 않을 것이다. 아울러 전근대 시기에 소아 사망률이 높았지만, 중장년에 이르게 되면 성인병 역시 다수 존재하였음도 파악할 수 있다.

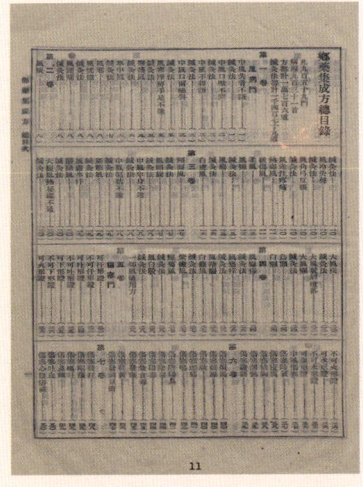

그림 1
『향약집성방』 목록, 杏林出版社(1977),
한국국학진흥원 소장, 풍산김씨 허백당종택 기탁

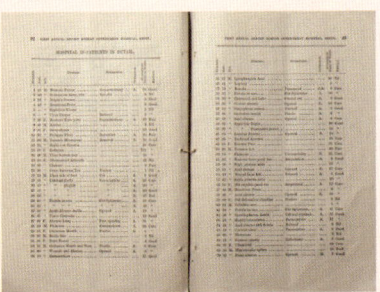

그림 2
『조선정부병원 제1차년도 보고서』(1886),
연세대학교 학술정보원 소장

이러한 추정이 과연 얼마나 타당할지는 개항 이후 설치된 최초의 서양식 병원인 제중원에 근무한 알렌H. N. Allen(1858~1932)과 헤론J. H. Heron(1856~1890)의 '조선정부병원 제1차년도 보고서(1886)', 그리고 에비슨이 작성한 '1901년도 대한제국병원 연례보고서'를 통해 확인할 수 있다.[14] 두 보고서는 개화기, 즉 조선 말기 사회의 건강 수준 및 질병 양상을 조금이나마 객관적으로 보여줄 수 있는 유일한 사료이다. 해당 자료에는 내원 환자와 입원 환자들을 질병별로 분류하였는데, 다만 1901년 자료에는 질병 분류가 환자의 절반 정도밖에 이루어지지 않았다. 대신 충실히 기재된 1886년 자료에서 분석된 제중원의 내원 환자 10,460명을 중심으로 살펴보면 다음의 〈표 2〉와 같다.

〈표 2〉「조선정부병원 제1차년도 보고서」(1886) 내원 환자 통계

번호	질병	인원	빈도	번호	질병	인원	빈도
1	소화기	2,032	19%	11	귀	318	3%
2	비뇨생식기 및 매독	1,902	18%	12	임파선	214	2%
3	발열	1,147	11%	13	종양	145	1%
4	피부	845	8%	14	외상	140	1%
5	신경	833	8%	15	순환기	114	1%
6	미분류	721	7%	16	골, 관절 및 건	105	1%
7	눈	629	6%	17	여성	67	

번호	질병	인원	빈도	번호	질병	인원	빈도
8	호흡기	476	5%	18	기형	37	
9	전신	365	3%	19	새로운 질병 7	7	
10	결합조직	363	3%	총계		10,460	

높은 순위에 있는 질병들은 소화기계 질환, 비뇨생식기계 질병, 발열성 질환, 피부병과 신경상의 문제, 안과, 호흡기 질환 순이었다. 여기서 비뇨생식기계 질병은 주로 매독이었고, 발열성 질환의 다수는 말라리아였다. 당시 사람들이 서양식 병원을 꺼리는 경향도 있었으며, 또한 병원 방문의 필요성을 느끼는 정도는 개인마다 다르므로 위의 통계는 조심해서 살펴봐야 한다. 그렇다고 하더라도 앞서 『향약집성방』을 통해 조선의 사람들이 주로 걸렸을 질병으로, 상한으로 불리는 유행병과 허약증, 호흡기 및 소화기 계통의 질병, 배설 기능의 문제 등이라는 추정과 크게 차이가 나지 않는다. 이때 상한으로 분류되는 질병으로 말라리아가 포함될 수 있으며, 배설 기능에 생식기 질환도 포함되기 때문이다.

조선을 할퀸 전염병[15]

앞에서 본 것처럼 조선시대에는 많은 질병이 있었지만, 그중에서 당시 사람들이―국왕을 비롯한 지배층이건 피지배층이건 관계없이―가장 두려워한 것은 전염병이었다. 조선의 역사 가운데 전염병이 발생한 횟수는 헤아릴 수 없이 많다. 1392년부터 1917년까지를 연대기적으로 기록하고 있는 『조선왕조실록』에서 전염병 기록은 1,500여 건이며, 전 시기의 거의 3/5에 해당하는 300여 년에 걸쳐 전염병이 발생하였다고 한다. 평균적으로 보아도 2년에 한 번씩은 전염병이 유행했다는 말이 된다. 여기에는 실록의 기록을 어떻게 파악하느냐에 따라 빈도는 달라질 여지가 있고, 또한 전염병 기사가 실록에서 누락 가능성도 있기에 실제 전염병의 발생은 더욱 빈번하였다고 보아도 크게 틀리지 않을 것이다.

그런데 이렇게 자주 발생하는 전염병의 정체가 구체적으로 무엇인지를 파악하기란 쉽지 않다. 현대식 전염병의 명칭은 철저히 원인이 되는 세균이나 바이러스 등에 의해서 정해진다. 그러나 현미경과 같은 기초 진단 기구가 없던 시기에 오로지 발현되는 증상에 따라 구분하였으므로, 당시에 유행한 전염병이 무엇인지 정확하게 알기 어렵다. 그럼에도 명백히 드러나는 증상과 조선시대에 편찬된 의서의 종류를 보면, 가장 중요하게 언급된 것은 크게 두창 痘瘡과 온역溫疫이었다.[16] 두창은 급격한 전염성과 함께 사망률마저 30-50% 이상에 이를 정도로 위험한 질병이었기에, 조선 전기부터 국가에서도 높은 관심을 기울이고 있었다.[17] 또 온역은 높은 전염성으로 한 번 발생하면, 넓은 지역에 걸쳐 많은 인명피해를 낳았다.[18]

온역에 대해서는 이 시리즈의 다른 글(『500년 전의 조선 사람들, 팬데믹에 할퀴다』)이 있으므로, 한 가지 사실만 언급하기로 하자. 전염병에 대한 당시 사람들의 인식을 살필 수 있는 대목이다. 조선 전기 온역의 피해가 가장 컸던 것은 1524년(중종 19)에서 다음 해 8월 1일까지 대략 1년 반 동안 2만여 명의 사상자를 낸 평안도 지역의 온역이다.[19] 인구를 정확하게 파악하기 어렵지만, 1519년 정부에서 파악한 수치는 전국의 가구 수가 754,146호 인구는 3,745,481명이다. 이를 감안하고 생각한다면 평안도에서만 2만 명이 죽었다는 것은 엄청난 재난이다.

코로나 유행으로 전 세계적으로 많은 사상자가 발생하였고, 한국만 하더라도 2020년 1월부터 2023년 8월까지 확진자는 34,572,554명, 사망자는 35,605명으로 집계되었다.[20] 통계청 자료에 따르면 2020년 당시 인구가 51,836,239명 정도였으니, 대략 1,455명당 1명이 사망한 꼴이다. 이와 비교하면 중종 때에는 거의 180명당 1명이 온역으로 사망했다. 주로 평안도 지역의 사망자였다는 사실을 생각하면 실제로는 더욱 심각했을 것이다. 당시의 사관史官이 "불쌍한 우리는 왜 이다지 곤궁한 운명을 만났는가."[21] 하고 한탄한 것도 이해가 된다.

전염병에 대처하기 위해서 정부에서는 활인서活人署에서 환자를 치료하고, 전염병이 발생한 지역에 의원과 약재를 보내며, 전염병 의서들을 편찬하여 전국에 보내곤 하였다. 그와 함께 역병을 일으키는 귀신을 달래는 여제厲祭도 지냈는데, 이를 위하여 전국의 군현에 여제단厲祭壇이 설치될 정도였다. 이는 사람들을 정신적으로 위로했을지 모르겠지만, 실제로 효과를 거두기는 어려웠을 것이다.

한편 천연두 혹은 천화天花[22] 등으로 불리는 두창은 『조선왕조실록』과 같은 연대기에 자주 등장하지 않지만, 『창진집瘡疹集』이라는 전문 의서가 일찍이 편찬될 정도로 중시되었다. 세종이 중국의 여러 의서를 수집하여 새롭게 정리하는 일, 아마도 『의방유취』 편찬 작업을 말하는 듯한데, 그 과정에서 창진에 속하는 것만을 따로 묶어서 편찬한 것이 바로 『창진집』이다. 하지만 『창진집』은 세종 때에 바로 간행되지 못하고, 몇 차례의 개정을 거쳐 세조 때에 출판되었다.

두창을 중요하게 여긴 사실은 세조 때 의서습독관醫書習讀官이 반드시 익혀야 할 의서 중의 하나로 『창진집』을 포함한 데에서도 드러난다.[23] 의서습독관이란 세종 때에 의학을 진흥하고자, 어리고 총명한 양반 자제를 선발하여 의서를 익히도록 한 제도였다. 그리고 의관, 즉 정부의 공적 의료기관에서 근무하는 의원이 되기 위해서는 의과나 취재에 합격해야 했는데, 취재의 과목에도 『창진집』은 포함되었다. 의서습독관이 공부하고, 그들이 교육하는 의생이 의관으로 임용되기 위해서 반드시 익혀야 하는 서적 중의 하나가 바로 두창에 관한 전문 의서였다. 그만큼 국가에서 두창을 중시했다.

의학이 발달하기 이전 사람들은 두창이 귀신의 소행이라고 여겼는데,[24] 이는 두창에 대한 지식이 확대된 조선 후기에도 마찬가지였다. 가령 조선 후기 학자이자 정치가인 김매순金邁淳(1776~1840)은 자기 딸이 두창을 겪고 난 이후 아래의 제문을 지어 축하했다.

> 두창痘瘡의 신神은 예서禮書에 실려 있지 않고, 유가儒家에서 말하지 않는 것이라 내가 알 수 있는 것은 아니다. 그러나 숲같이 많은 백성이 귀천貴賤에 구별 없이 한 번 이 관문을 지나야만 비로소 사람이 될 수 있다. 약한 사람은 단단하게 하고 유약한 사람은 굳세게 하니, 마치 오행五行이 서

로 생성함에 상극이 되지 않으면 이룰 수 없는 것과 같아서 그것이 백성에게 끼치는 공은 매우 크다. (중략) 집에 어린 딸이 있는데 생후 여섯 달 만에 신의 은혜를 입어서 어루만져서 살게 하였으니, 13일 만에 다 앓고서 나왔다. 이에 술과 밥으로 푸닥거리하여 전송하고, 이와 같은 글을 지었으니, 그 일은 세속을 따랐으나 그 뜻은 끌어다 예禮에 넣고 싶다. 신神이 계신다면 밝게 들어주시길.[25]

김매순은 두창을 반드시 겪어야만 비로소 사람이 될 수 있다고 말하면서, 세속에 따라 음식을 차려놓고 제를 지낸 사정을 기록하

그림 3
〈오명항 초상吳命恒 肖像〉(1728)의 두창,
한국민족문화대백과사전에서 전재

였다. 게다가 자신은 성리학자이고 두창신痘瘡神은 유가에서 말하지 않은 것이 아니라 알 수 없지만, 할 수만 있다면 두창신 모시기를 예제에 포함하고 싶다고 스스럼없이 말할 정도였다. 김매순이 이럴진대, 세속의 사람들도 이를 벗어나는 인식을 갖기 어려웠을 것이다.

그렇지만 이미 조선 초기부터 소아과 전문의 학문 내용이 풍부해지면서, 의학계에서는 두창의 원인을 태독胎毒으로 파악하고 있었다. 태독이란 태아가 산모의 배에 있을 때 삼킨 나쁜 물질이나 기운으로, 그것이 태아의 신장腎臟에 잠복해 있다가 출산 이후 바깥의 나쁜 기운에 영향을 받아서 두창이 된다고 생각했다. 따라서 두창에 걸리는 일은 운명처럼 피하기 어려운데, 태독이 순조롭게 나오게 함으로써 환자의 피해를 줄이는 것이 치료의 핵심이었다. 『창진집』 이후 허준의 『언해두창집요諺解痘瘡集要』와 『동의보감』, 박진희朴震禧의 『두창경험방痘瘡經驗方』 등 조선 후기까지 계속해서 간행된 두창 전문 의서에서 취한 기본적인 인식이었다.

물론 두창을 예방하는 방법이 전혀 없었던 것은 아니다. 태독이 문제였으므로, 출산 직후 아이의 입에 들어있는 오물을 빨리 토해내도록 하는 예방법이 있었다.[26] 하지만 이 방법이 얼마나 실효가 있었는지 의문스러우며, 본격적으로 두창을 예방할 수 있게 된 것은 18세기 후반 인두법人痘法이 조선에 소개되면서라고 할 수 있다.[27] 그러나 두창의 예후가 좋은 아이를 선택해서 두묘痘苗를 만들고 접종한다고 하더라도, 기본적으로는 두창에 걸려서 면역을 얻는 방식이었기 때문에 인두법에는 많은 위험이 존재하였다.

　1824년 5월 12일, 경상도 선산善山에 살았던 무인武人 노상추盧尙樞(1746~1829)는 자신의 일기에서, 집안에 두창 환자가 발생하자 증손들에게 종두했다고 전한다. 마을에 온통 두창이 퍼져서, 더 이상 피할 곳도 없는 상황에서 어쩔 수 없었기 때문이다.[28] 그런데 특이한 점은 한 번 종두한 이후, 10일 정도 안에 특별한 증상이 없으면 종두가 실패했다고 여겨서 다시 종두를 실행했다는 점이다.

　이런 예는 안동 지역에 살던 김중휴金重休(1797~1863)가 남긴 기록에도 그대로 보인다.[29] 근처 마을 사람들이 몰래 종두한다는 말을 듣고 '경악'했지만, 두창이 마을에 점점 퍼지고 사람들이 모두 종두를 하자, 결국 김중휴도 아이들에게 종두하지 않을 수 없었다. 이처럼 사람들이 종두를 꺼린 이유는 당연했다. 인두법은 두창을 예방하는 방법이지만, 잘못하면 도리어 두창에 걸려 자칫 목숨도 잃을 수 있기 때문이었다.

　이처럼 무서운 두창의 위협으로부터 조선의 사람들이 온전히 자기 몸을 지킬 수 있게 된 계기는 우두법이 알려지고 접종하면서부터라고 해도 과언은 아니다. 그 우두법을 조선에 최초로 소개한 인물은 정약용丁若鏞이었다고 알려져 있다. 정약용은 『마과회통麻科會通』 마지막에 실린 「신증종두기법상실新證種痘奇法詳悉」이라는 글에서 국내에 처음으로 우두법을 소개했다. 중국에서 활동한 선교사 스턴튼 George Thomas Staunton이 영국인 의사 피어슨Alexander Pearson의 저서를 중국어로 번역해서 1805년에 『영길리국신출종두기서暎咭唎國新出種痘奇書』를 처음 출간했고, 1828년 중국 규광재奎光齋에서 다시 간행한 이 책을 정약용이 입수해서 소개한 것이다.[30]

19세기 초반에 우두법이 소개되었지만, 실제 조선의 사람들이 우두 접종을 하게 된 것은 반세기도 지난 뒤였다. 잘 알려진 것처럼 지석영池錫永이 『우두신설牛痘新說』을 내고 우두 보급에 적극적으로 나서면서 크게 힘을 얻었고, 비슷한 시기 이재하李在夏나 최창진崔昌鎭 같은 인물들이 활동하면서 확대되었다.[31] 그러나 새로운 방법이 바로 사람들에게 긍정적으로 수용되지는 못했다.

이외에도 많은 전염병이 조선의 사람들을 괴롭혔다. 조선 후기에 크게 학문적으로 정리되는 마진痲疹 즉 홍역도 있었으며, 한열이 번갈아 일어나는 유행병 말라리아인 학질瘧疾도 그중 하나였다. 우리나라에서 유행한 것은 사망률이 높은 '열대성 말라리아'가 아니라 3일 정도 열이 나다가 괜찮아지는 말라리아인데, 당시에도 어느 정도 치료가 가능했다. 물론 적절한 치료를 받지 못한다면, 당연히 죽음에까지 이를 수 있었다.

또 얼굴에 흉한 흔적을 남기고 팔다리가 잘려 나가기도 하는 나병癩病도 곳곳에서 발생했으며, 1916년에 전국적으로 "나요양소癩療養所"를 짓게 한 총독부령이 내릴 정도로 오랫동안 우리 곁에 존재했다. 이밖에 황해도 지역에서는 15세기 초반 원인을 알 수 없는 전염병이 계속되어 풍토병처럼 오랫동안 피해가 속출했다. 성종 때까지 연이어 발생한 이 질병은 황해도 전 지역에 만연했고, 봉산군鳳山郡이나 문화현文化縣 같은 경우에는 16세기 전반에 아예 읍치邑治를 옮겨야 할 정도로 황폐해졌다.[32]

조선시대는 다양한 전염병이 끊임없이 발생하는 공포의 시대였다. 온역처럼 우연적이면서도 대규모 유행으로 다수의 목숨을 앗아가기도 했지만, 아이들에게 치명적인 두창이나 홍역은 일상에서 계속되었다. 전염병은 개인에게는 공포를 주었고, 지역의 피해는 조선 사회를 구성하는 정치적·사회적 단위의 변화를 불러왔다. 그럼에도 흑사병이 오랫동안 지속된 서양 중세 사회가 붕괴하는 데 큰 역할을 하고, 과연 신이 존재하는지 의문을 불러온 것과 달랐다.[33] 조선 사회는 항상 위태했지만, 여러 차례의 위기를 넘길 수 있었던 이유는 정치·사회적 역량과 함께 의학적 성과가 그나마 있었기 때문에 가능했다.

16세기 이문건李文楗이 경험한 일상의 질병

컴퓨터와 디지털 문화가 사회 전반에 걸쳐 적용되는 현대를 사는 우리는 자신의 질병에 대해서 상당히 무관심한 편이다. 지금 아프다는 현상에 초점을 맞추고 기억할 뿐, 그것을 구체적으로 기록할 필요를 느끼지 못한다. 어차피 병원에 가면, 내 질병의 이력들을 상세히 알 수 있기 때문이다. 아주 중대한 질병에 앓았다거나 고혈압·당뇨와 같이 지속해서 관리가 필요한 경우에만 그나마 관심을 둔다. 그러나 조선시대 사람들의 태도는 이와 사뭇 다르다. 자신의 질병에 관심을 두었을 뿐만 아니라, 그것을 끊임없이 기록하는 사례가 많다는 점이 크게 달랐다. 그러한 대표적인 사례가 16세기 중반을 살았던 『묵재일기默齋日記』의 저자인 이문건李文楗(1494~1567)이다.

20여 년이 넘는 기간 동안 일기를 쓴 이문건은 자신의 질병과 증상, 복용한 약들을 빠짐없이 기록했다. 물론 현재에도 이문건처럼 매우 꼼꼼한 사람이 있겠지만, 주목해서 봐야 할 대목은 그가 한양에서 관료 생활할 땐 그다지 상세하게 기록한 것 같지는 않다는 점이다. 대신 을사사화乙巳士禍에 연루되어 유배지인 경상도 성주星州로 거처를 옮겨가면서는 질병과 복약의 사실이 매우 상세하다. 이는 분명 한양과 비교해서 열악했을 성주의 의료 환경 때문일 것으로 보이며, 가장 중요한 요소는 의원의 존재 여부였다. 실제로 『묵재일기』에는 성주의 의원이 전혀 보이지 않으며, 그나마 의생이 일부 등장한다. 의원 역할은 이문건 자신이 맡았다.[34]

이문건이 자기의 질병을 얼마나 진심을 갖고 기록했는지는, 평소 그를 괴롭혔던 치질의 묘사에서 살펴볼 수 있다. 사실 지금도 치질은 밝히기 꺼리는 질환인데, 청아원靑娥元이라는 약을 계속해서 복용했고, 때로는 바지에 피가 묻을 정도로 심했다고 사실대로 쓰고 있다. 이런 이유에서 『묵재일기』는 조선 사람들의 일상에서 드러날 수 있는 질병을 여과 없이 그대로 보여준다고 하겠다. 그렇다면 이문건의 기록에서 보이는 질병의 양상은 어떠한지 살펴보도록 하자. 질병 모두를 살펴보는 것은 어려운 일이므로, 여기서는 편의상 계절성 질환, 노인성 질환, 전염병으로 구분하여 개략적으로 서술한다.

일기에 기록된 질병 중에서 반복적이면서도 동시에 계절에 따라 자주 등장하는 증상들이 있는데, 대표적인 것이 바로 상한과 이질痢疾이었다. 상한은 오한과 발열을 동반하는 질병을 통칭하는데, 일반적으로는 인플루엔자와 같이 고열을 동반하는 전염병이 여기에 해당하였다. 그런데 조선에서는 이와 함께 우리가 보통 감기라고 부르는 증상을 주로 상한이라고 하였고, 일기에는 대체로 겨울에 자주 등장하였다. 아무래도 난방에 취약한 주택 구조와 함께 연료 사정이 충분하지 않았던 조선의 상황에서는 흔한 질병이었는데, 이문건은 치료를 위해서 합당한 처방을 자신이 직접 구하여 사용했다. 그렇기는 하지만 일상적으로 사용하는 삼소음蔘蘇飮과 같이 잘 알려진 약이었다. 굳이 요새로 말하면 해열제를 먹는 것과 유사하다.

한편 이질은 겨울에도 기록된 사례가 종종 있지만 보통 여름철에 자주 등장하였다. 이때의 이질은 통상 서증暑症, 즉 더위를 먹어 생긴 병이라고 할 수 있다. 현재에는 장염이라고 부르는 질환의 일종이라고 생각하면 될 것 같다. 여름의 더위로 인하여 찬 음식을 주로 찾게 되고, 또한 더위 때문에 음식이 상하면서 발생할 가능성이 높았다. 계속된 설사와 무기력증을 호소하는 서증이 곳곳에 기록되어 있는데, 이문건은 이때 이중탕理中湯 등을 이용했다. 1552년 여름 복통과 함께 설사할 때, 그는 이것이 며칠 전에 빙정과氷正果를 먹은 독 때문이라 생각했고, 치료를 위해 이중탕을 복용하고 있었다.[35]

이문건은 일기를 작성할 시점이 장년에 해당했기 때문에 성인병이나 노인성 질환에 대한 기록이 상당히 보인다. 물론 오늘날 대표적으로 나타나는 성인병 혹은 노인성 질병과는 약간 다른 듯한데,

무엇보다 진단의 개념이 달라진 사정이 배후에 있음을 이해할 필요가 있다. 대표적인 노인성 질환이라고 할 뇌졸중이야 당시에 중풍으로 이해되어 바로 파악할 수 있겠지만, 그 이외에 현재 성인병으로 파악하는 고혈압, 당뇨, 관절염 같은 경우에는 당시의 의학지식 체계와는 다른 개념이기 때문이다. 그나마 당뇨는 소갈이라는 이름으로 알려져 있기는 했다. 그런 까닭에 일기에서는 이들을 파악할 수 있는 단서가 명확하지 않고, 다만 앞서 중풍과 같은 질병은 주변인들에서 종종 등장한다. 그보다 이문건이 직접 경험한 것으로는 치과와 안과에 관련된 내용이 몇 차례 보인다. 나이가 들면 여기저기 아픈 데가 많지만, 이도 약해지고 노안과 같은 증상도 바로 찾아온다.

그는 때때로 치통을 앓았는데, 나이가 들어가면서 이의 상태가 좋지 않기 때문일 것이다. 그러나 이에 대한 기록이 거의 없어서 자세히 알 수가 없다. 대신 충치를 치료하는 특이한 기록이 보인다.

> 표주박 잎과 식초를 구해다가 불 위에서 (표주박 잎에 식초를 넣어) 볶은 다음, 이에 대어 따뜻하게 하였다. 다만 벌레 한 마리만을 잡았는데, 벌레의 생김새가 구더기 같았다.[36]

이문건은 전날에도 벌레를 잡으려는 목적으로 표주박 잎과 식초를 구했다고 말했는데, 이때 잡은 벌레가 정말 이에서 기생하는 벌레인지 알 수 없다. 어쨌거나 당시 사람들의 구강 상태는 좋지 않아 보이는데, 지금처럼 양치에 신경을 쓰지 못했기 때문으로 보인다. 그래도 이에 사는 벌레를 잡기 위한 방법이 있었고, 실제로 행했다는 점은 매우 드문 예이다.

한편 눈병에 대해서는 상세한 기록이 있는데, 1555년 3월 오른쪽 눈동자에 붉은 기운이 생기면서 왼쪽 귀 뒷부분에 통증이 있었다. 이를 치료하기 위해서 그는 솔잎을 뜨겁게 해서 찜질을 했는데 그다지 효과를 보지 못했다고 한다.[37] 눈의 질병이 이후로 계속 진행되었지만, 별다른 치료를 하지 않다가 상당한 시간이 흐른 후에 의승醫僧인 성헌性軒을 불러다 백회혈을 시작으로 눈을 치료하는 혈에 침을 놓았다.[38] 그가 앓은 병이 무엇인지 분명하지 않지만, 아마도 백내장이었던 것으로 보인다.

1563년 9월에는 오른쪽 눈의 시력을 완전히 상실해 사물을 분간할 수 없게 되었고, 상태가 어떤지 다른 사람에게 살펴보게 했더니 눈동자의 색이 푸르게 변했다는 이야기를 듣고 청맹靑盲이라고 판단했다.[39] 청맹은 눈동자 부위에 푸른 막과 같은 것이 생기면서 시력을 상실하는 증상을 말하는데, 보통은 백내장에 해당한다. 백내장의 원인은 여러 가지가 있지만 무엇보다 나이가 들어감에 따라 생겨나는 질병이고, 이문건처럼 오랜 시간을 거치면서 진행되는 것이 일반적이었다.

당시로써는 이를 치료할 방법은 거의 없었고 게다가 다른 쪽 눈까지 병이 진행되는 것이 일반적이어서, 실제로 이문건은 결국에 양쪽 눈이 완전히 실명하게 되었다. 같은 해 12월에는 오른쪽에 이어 왼쪽 눈에 꽃과 같은 것이 어지럽게 생기고 눈이 어두워졌고,[40] 이후로 왼쪽 눈마저 실명하게 되면서 그토록 열심히 써왔던 일기마저 매우 소략해졌다. 아마도 당시 조선 사람들의 많은 수가 백내장과 같은 질병을 앓았을 것이지만, 불행하게도 이를 치료할 방법은 없었다.[41]

이 외에 생활 속에서 등장하는 무수한 질병들이 있지만, 무엇보다 당시 사람들이 가장 두려워했고 이문건 역시 자세히 기록을 남긴 것은 전염병이다. 이문건이 두창과 같은 전염병에 특별한 관심을 두었던 이유는 손자와 손녀를 둔 할아버지의 입장이었기 때문이며, 게다가 여러 노비와 노비들의 자손까지 있는 그의 가족 구성으로 본다면 전염병은 초미의 관심사였다. 그래서일까, 1556년 자신이 살고 있던 성주 지역에 두창이 퍼지기 시작했다는 소문이 돌자, 두창에 걸렸다는 아이를 불러 아내와 함께 확인할 정도였다.[42]

우려했던 두창이 인근 마을에 퍼지기 시작했다는 소식이 전해지면서 그는 중요하게 여기던 집안의 제사를 지내지 않는데, 당시 세속에서 일반적으로 거리끼는 것, 곧 역신疫神이 들어왔기 때문에 지켜야 하는 금기禁忌였던 까닭이었다.[43] 성리학적 세계관이 확대되어 가던 16세기였음에도 불구하고, 두창은 두려웠고 금기는 매우 강했다.

1556년 5월에서 6월 사이에 그의 집안에 두창 환자가 발생했고, 여기에는 자기의 손자와 손녀 그리고 노비들이 포함되었다. 그의 극진한 간호 덕에 손자와 손녀는 무사했지만, 노비 온금의 막내아들인 억종이 죽음을 맞이하는 등의 피해를 면할 수는 없었다.[44] 두창의 발생과 치료의 과정에서 이문건은 자기 손자, 손녀만이 아니라 주변의 인물들을 상세하게 묘사하고 있는데, 이는 사람들에게 각인된 전염병의 공포가 드리운 어두운 그림자였다.

2

병록에 보이는
고통의 기록

일기에 질병을 기록한 이유

16세기를 살았던 이문건은 일기에 자신과 가족의 질병·증상, 복용한 약 등을 빠짐없이 기록했다. 그런데 이는 이문건만의 독특한 취향이 반영되었던 것일까? 아니면 당시 사람들에게 있어서 일반적인 현상일까? 물론 이문건이 의서를 읽기도 하고, 무엇보다 의원을 접하기 힘든 지방으로 유배되었다는 점이 여러모로 영향을 미쳤겠지만, 자신이나 가족의 질병을 기록하는 일은 종종 벌어지는 현상이었다.

다른 예로 18세기 대구 인근에 살았던 최흥원崔興遠(1705~1786)이라는 인물을 살펴보자. 그는 학행으로 천거되어 참봉·장악원 주부 등에 제수되었으나 벼슬에 나가지 않았으며, 죽은 뒤 효행으로 정문이 세워지고 좌승지에 추증되었다. 그가 남긴 『역중일기曆中日記』는 1735년 부친 최정석崔鼎錫(1678~1735)의 병이 위독하던 때의 일을 기록한 것에서부터 시작한다. 기록의 목적은 일기의 서두에 잘 밝혀져 있다.

> 평생에 모은 책력은 정미년(1727)부터 시작되어 모두 약
> 간 권이 되는데, 정사년(1737)에 이르러 비로소 날마다 기

> 록한 것이 있다. 이전에는 살필 만한 기록이 없으나, 특별히 을묘년에는 부친상을 당하여 비록 날마다 기록한 것은 아니지만 약시중을 드는 가운데 의원을 부르고 약을 쓴 일들을 기록한 것이 아주 상세하다. 그러므로 지금 베껴 옮기는 일을 이 해부터 시작한다. 그리고 날마다 기록된 것은 정사년부터이다.[45]

그는 평소 책력에다 약간의 메모를 해두었는데, 특히 아버지가 아프면서부터 증상을 본격적으로 파악하기 위해서 자세하게 기록했다고 한다. 그 이유는 의원을 불러서 약을 논의할 때, 도움이 되기 위함이었다. 아무래도 환자가 직접 기록하기보다는 환자의 가족이 기록하는 경우가 대부분인데, 나이 든 부모가 아프면 자식이 기록하고, 어린 자식이 아프면 부모가 기록하는 형태가 일반적이었다.

이렇게 시작된 『역중일기』의 기록은, 1735년 3월 어느 날 아버지의 흉복통이 점점 심해져서 복부 좌측에 알 수 없는 무엇인가가 응결된 것처럼 느껴지는 것으로부터 본격적으로 시작한다. 이에 그는 정씨 성을 가진 의원에게 사람을 보내 왕진을 청했더니, 진맥 후에 의원은 계지감초탕桂枝甘草湯을 처방했다. 이후 3첩을 먹었는데, 지금과 달리 당시에는 한약을 몇 첩 단위로만 짓고 복용하는 것이 일반적이었다. 효과가 뚜렷하지 않자 그는 4월 1일 다시 사람을 계속 보내 약을 문의했고, 시호궁하탕柴胡芎夏湯과 행기향소산行氣香蘇散을 처방받았다. 이때 아버지의 증상은 다양했다. 복부의 부은 상태는 덜했지만, 항문이 아프면서 가슴이 답답하고, 음식을 조금이라도 많이 먹으면 전에 아팠던 복부 좌측이 단단해져서 누르면 심한 통증이 있었다. 이때 처음 문의했던 의원은 담적痰積으로 판단하고, 소적정원산消積正元散이라는 약을 먹도록 권한다.[46]

이후에도 몇 차례에 걸쳐 그는 정씨 의원에게 약을 문의하였고, 때로는 차도가 있었는지 처방을 논의하는 사례는 매우 드물게 나타난다. 그러나 3개월 정도 지난 7월 갑자기 병이 심해지면서, 결국에는 관을 준비하는 지경에 이르게 된다. 이날의 기록을 한 번 살펴보자.

> 병환이 점차 심해진다. 그래서 둘째를 보내 의원에게 물었더니, 온백원溫白元 10푼을 꿀과 함께 섞어서 벽오동 씨 크기로 1알을 만들어 생강을 달인 물로 복용하도록 알려주었다. 처음에 3알을 먹고, 다시 5알, 7알에 이르기까지 복용했으나, 16일이 되어서 결국에 변을 당하게 되었다. 약이

효과가 없었으니, 애통함이 하늘에 닿는다. 이때 계속해서 인삼을 복용했는데, 묵동墨洞에 사는 친척 숙부가 인삼 7푼을 보내주었고, 솔례率禮에 사는 매형 곽씨가 1돈을 보내주었다. 장례[初終]에 사용할 심의深衣는 황학동黃鶴洞의 처사 이춘식李春植이 만들었고, 관판棺板은 법흥法興에 사는 사돈[査家]에게 의뢰하였는데, 34냥을 주고 화읍花邑에서 사 왔다.[47]

그의 노력도 허사가 되어, 병상 일기는 아버지의 죽음과 함께 짧게 끝나버리고 만다. 3~4개월 사이에 여러 상황이 전개되었을 것 같은데, 아쉽게도 그 부분은 찾아보기 어렵다. 그럼에도 최흥원처럼 간단하게 일기를 작성하면서 치료의 흔적을 남기고, 그것을 일기와 별도로 묶어냈다는 것은 상당히 의미가 있었다. 잘 알려진 일기 기록들이 대부분 양반 가문에서 중시하는 제사나 손님을 대접하는 일에 집중되고, 질병은 부수적이었던 소재였기 때문이다. 그러나 최흥원에게 있어서 그 양상은 바뀌어 질병과 치료가 중심이 되는 특별한 모습을 보여준다.

이와 비슷한 사례는 심원열沈遠悅(1792~1866)이 아버지인 심노암沈魯巖(1766~1811)의 치료 과정을 기록한 「침질기寢疾記」에서도 보인다.[48] 「침질기」의 전반부에는 아버지의 10년간 투병 기록과 함께

1806년 봄에 오한惡寒과 발열發熱이 번갈아 일어나는 증세, 즉 학질이 등장한다. 학질은 심노암이 사망에 이르게 하는 질병인데, 1810년 7월부터 시작하여 아버지가 사망하는 1811년 1월까지의 상황이 「침질기」에 상세하게 기록되어 있다. 이때 심원열은 가장 신뢰하였던 의원인 구재명具載命을 비롯해, 변관해卞觀海, 홍욱호洪旭浩 등 대여섯 명의 의원에게 번갈아 질병을 문의하면서, 아버지의 병구완을 했다.

이문건이나 최흥원처럼 일기에 질병을 기록하거나 혹은 심원열처럼 따로 묶어서 책으로 만드는 이유는 무엇이었을까? 지금처럼 많은 서적과 인터넷을 통해 쉽사리 정보를 얻을 수 있는 상황에서 기록이 갖는 의미가 퇴색하고 있지만, 의원을 만나기 쉽지 않았던 과거의 사람들에게 그런 기억과 기록들이 큰 의미가 있었을 것이다.

가령 이문건처럼 상세한 일기를 남긴 조선 후기의 인물인 유만주兪晩柱(1755~1788)에게서 단서가 보인다. 유만주가 남긴 『흠영欽英』에도 의원과 질병, 의학과 약재 등 의료에 관련된 다양한 이야기가 담겨 있는데, 유만주가 거주했던 한양은 이문건이 살았던 성주에 비해 의료 환경이 좋은 편이었다. 그래서인지 이문건은 주로 스스로 질병을 치료하는 상황이었다면, 유만주는 의원들의 도움을 전적으로 얻고 있었다. 그렇지만 유만주는 자신과 가족의 질병을 기록했

고, 특히 의원에 관한 이야기를 많이 남겨두었다.[49]

그에게 있어 질병과 치료는 인생의 중대사여서, '인생의 복福' 가운데 건강과 질병을 언급하면서 이를 지키는 일은 '위생衛生'에 있다고 말했다.[50] 과거라면 양생이라고 했을 텐데, 유만주는 위생이라고 표현한 점은 색다르다. 어쨌거나 그가 의학에 대한 견해를 드러내거나 의약의 사용을 기록한 데에는 뚜렷한 목적이 있었다. 첫 번째는 순수하게 의학이라는 학문에의 관심이었고, 두 번째는 실용이라는 의도가 있었다.

유만주의 독서열讀書熱은 꽤 강해서 『소문』, 『영추』와 같은 의학의 고전들도 읽고 내용을 간략하게나마 정리할 정도였는데, 때로는 자신의 견해도 남겨두었다. 독서의 범위는 의학의 고전을 넘어 심지어 도가의 서적인 『황정경黃庭經』에도 이어지는데, 『황정경』이 『동의보감』에 중요하게 언급되었던 사실이 영향을 미친 듯하다. 유만주는 특히 『동의보감』을 신뢰해서, 가족에게 병이 있어 의원이 처방을 내릴 때마다 『동의보감』 펼쳐 검토했다. 의원을 통하거나 혹은 전언傳言으로 들은 의학 정보들도 그대로 수록하지 않고 『동의보감』을 통해 확인 과정을 거칠 정도였다.

다음으로 그가 '위생'이라고 언급하였던, 삶에서의 실용적 의도와도 깊은 연관이 있었다. 그것은 정확한 의학 정보의 획득과 함께 기록을 통해 축적된 처방의 실제적인 활용으로 전개되었다. 시중의 정보나 의원의 견해를 『동의보감』에서 확인할 뿐만 아니라, 무엇보다 약재의 진위眞僞를 주목하고 있었다. 관심을 기울인 이유는 가격의 고하高下에도 있었지만, 당시 사회문제가 되었던 유통 약재에 대한 불안감이 크게 작용했다.

18세기 이익만을 꾀하는 사람들에 의해 가짜 약재나 저열한 품질의 약재가 시중에서 흔히 유통되었고,[51] 헛된 소문으로 약재의 가격을 부풀리는 경우도 존재했다. 유만주가 『동의보감』을 근거로 왜황련倭黃連이 좋다는 소문은 의원들이 이익을 취하기 위해서 만든 헛소문이라고 지적한 것이 대표적인 사례다.[52] 처방의 효과를 기대하려면 의원의 정확한 진단과 함께 올바른 약재의 사용이 중요했던 만큼 유만주의 관심은 지극했고, 그와 관련된 정보를 빠짐없이 기록하려고 했다.

> 약재 중에 진짜 재료가 없어진 지 오래되었다. 관계官桂는 후박厚朴으로, 부자附子는 천웅天雄으로 대신하니, 다른 것도 모두 이와 같다. 그런 까닭에 옛날에는 어린아이가 육미원六味元(팔미원이다)을 복용하면 반드시 열창熱瘡이 생겼다. (그러나) 요즘의 어린아이는 비록 복용한 약이 서너 제劑에

이르더라도 냉수를 마신 듯하다. 어찌 지금 어린아이에게 만 유독 가짜 재료를 주었겠는가. 그 업業이 참되지 않을 뿐 이다.⁵³

관계(혹은 육계肉桂)나 부자는 약성이 열熱한 약재이기 때문에, 그것들이 들어간 팔미원을 복용하게 되면 아이들의 경우에는 열창이 생길 정도가 되는 것이 정상이었다. 그런데 이제는 후박이나 천웅으로 대신하기 때문에, 아이들이 여러 첩을 먹어도 열이 나지 않고 오히려 냉수를 마신 것 같은 정도였다는 지적이다. 이처럼 부정한 약의 사용이 상례가 되었다고 할 상황에서, 유만주는 약재의 품질 여부에 주의하였고 실제로 약을 짓는 과정에 참조했다.

이처럼 『흠영』에서 드러나는 실용적인 성격이 애초부터 기획한 것인지는 분명하지 않지만, 시간이 지남에 따라 질병과 치료의 기록은 적극적으로 활용되었다. 일기를 쓴 기간이 누적되면서, 일기 안에 기록된 정보와 처방도 늘었기 때문에 가능했다. 가령 1782년 6월 적리赤痢 증상으로 향소산香蘇散 복용을 시작으로 가감육화탕加減六和湯·용봉고龍鳳膏·창름탕倉廩湯 등을 사용했고, 4년이 지난 1786년 이질 증상이 심하게 있자 이전의 기록을 참고했다.⁵⁴ 또 1783년 9월에는 어머니의 질환으로 김씨 의원이 노강양위탕露薑養胃湯을 처방했는데, 3년 후 어머니의 질병이 재발하였을 때 앞의 사례처럼 과거의 처방을 검토했다. 이 외에도 1784년 10월 아내가 두 번째 딸을 낳자, 출산 3일 후에는 1781년 첫째 딸이 태어났을 당시의 기록을 꺼내어 조치하였다. 즉 『흠영』의 기록은 이후 유사한 질병이 발생하였을 때 참고가 되는 중요한 전거典據이자, '위생'을 실천하는 수단이었다.

치료를 문의하는 병록 病錄

16세기를 산 이문건이나 18~19세기의 인물인 유만주, 최흥원, 심원열이 남긴 기록을 비교하면, 의료 환경의 변화가 분명하게 나타난다. 한양에서 먼 지방에 살았던 이문건은 자신이 직접 치료했지만, 이와 달리 한양이나 주변에 살았던 유만주·심원열은 대체로 의원에게 치료받았다. 하지만 자신과 가족들의 질병과 치료를 기록함으로써, 자구책을 마련한다는 점에서 큰 차이가 없었다. 이때 이문건은 환자이자 동시에 의원이어서, 주위의 환자들이 그에게 자주 문의했다. 반면 오로지 환자의 입장이었던 유만주 등은 의원을 찾아 물어야만 했다.

이처럼 아픈 사람은 의원을 찾기 마련이지만, 의원을 직접 대면하기 어려운 경우도 많다. 현대 의학이 발전하고 있는 지금도 산간벽지에 거주하는 사람들이 마주하게 되는 현실이다. 물론 정보통신과 과학기술의 발전이 갈수록 빨라지는 상황을 고려한다면, 정보통신 기기를 이용한 비대면 진료도 점차 가능해질 것이다. 다만 여러 가지 의료 장비를 갖추지 못한 상태에서 비대면 진료에 필요한 환자의 신체와 질병 정보를 얼마나 확보할 수 있을지가 관건이다. 현재가 이러할진대, 과거의 상황은 더욱 심각했을 것이다.

산간벽지가 아니더라도 한양과 같이 인구가 밀집하고, 그에 따라 활동하는 의원이 많은 지역을 제외한 대다수 지방에서는 의원을 만나기가 쉽지 않았다. 인근 지역에 의원이 있더라도 환자를 이송하기 어려운 상태라면, 선택 가능한 방법은 크게 두 가지다. 의원을 불러오거나 아니면 환자의 상태를 상세히 기록해서 의원에게 전달하여 치료법을 문의하는 방법이다. 왕진의 경우 의원의 진단이 훨씬 정확해지겠지만, 의원이 이동해야 하는 측면이 있다. 만약 의원에게 다른 사정이 있을 수도 있으며, 의원을 부르는 비용도 고려해야 한다.

이러저러한 여러 상황을 생각할 때 실현이 가능한 수단이 바로 병록病錄을 작성하여 의원에게 문의하는 방법이다. 병록 또는 증록症錄은 환자 혹은 환자의 집에서 환자의 질병 상태 곧 증후를 기록한 문서로, 대부분은 의원에게 진료를 부탁하기 위해서 작성된다. 병록의 작성 이유는 현재와 다른 의료 환경의 차이, 즉 환자와 의원의 진료 사이에 벌어지는 상황이 다르기 때문이다. 대표적으로 부족한 수의 의원, 이동 수단의 불편함, 병원과 입원의 개념이 없는 상태 등을 들 수 있다.

그런데 병록을 작성할 때 두 가지 점을 조심해야 한다. 먼저 병록의 작성이 매우 상세하면서도 정확해야 한다는 점이다. 의원은 환자를 진찰할 때, 다양한 정보를 얻기 위해서 노력한다. 따라서 의원에게 필요할지도 모르는 정보를 전달하려면 최대한 환자의 상태를 상세하게 알려줄 필요가 있다. 두 번째로는 어느 정도 시간이 걸린다는 사실도 고려해야 한다. 어차피 병록으로 문의해 처방을 얻어도 시간이 걸리고, 만약 효과를 얻지 못해 다시 문의해야 한다면 시간은 더 지체되기 마련이다. 결국 병록은 매우 위급한 증상이 아닐 때만 가능하다는 말이 된다.

무엇보다 작성되는 병록에서 현재의 증상을 설명하는 것이 가장 핵심이라면, 그 외에 현재의 질병에 앞서 과거 병력도 무시할 수 없는 주요한 요인이었다. 환자가 의뢰하기 이전에 다른 의원의 진료가 있었는지, 그렇다면 진단의 결과는 무엇이었으며, 어떠한 처방을 받았는지, 그 결과는 어떠했는지도 매우 중요하게 다뤄진다. 이러한 사정은 『고문서집성』에 수록된 병록에서 그대로 나타난다.

일례로 『고문서집성』 7권에 실려 있는 병록의 사례를 살펴보자. 제목은 「육십삼세남자증록六十三歲男子症錄」인데, 환자는 광양에서 유배 생활을 하던 김성탁金聖鐸(1684~1747)이라는 인물이다. 그는 학질瘧疾을 앓은 후 오한·두통, 그리고 이명耳鳴 등의 증상이 심해져, 두 의원에게 진맥을 받고 가미청비탕加味淸脾湯과 총이탕聰耳湯을 복용했다. 하지만 증상은 나빠지고 역증逆症만 생기는 상태에서

문서를 받을 의원에게 자문을 요구했다.[55]

병록을 통해서 우리는 의약의 사용에 있어 몇 가지 중요한 특성을 발견할 수 있다. 첫째는 앞서 말한 바와 같이 환자와 의원의 진료 방식이 현재와 같은 직접 진료가 의외로 드물다는 점이다. 물론 병록이라는 기록의 성격 때문이기도 하지만, 더 훌륭한 의원을 만나기 위하여 환자가 먼 길을 떠나기 어렵다는 현실적인 이유가 컸다. 그리고 먼 곳에 있는 의원을 소개받아 진료를 청해야 할 때도 많다는 사실도 영향을 미쳤다.

가령 서울에 있던 이황李滉(1501~1570)이 형의 사위인 민시원閔蓍元의 아들 민응기閔應箕의 질병 치료를 부탁받고 여러 의원을 만났던 사례가 이에 해당한다. 이때 병록이 매우 큰 역할을 했을 것인데, 실제 병록은 남아 있지 않음에도 퇴계의 글을 통해서 사정을 파악할 수 있다.[56] 이러한 예는 조선 후기 인물인 안정복安鼎福(1712~1791)에게서도 보이는데, 그의 아버지 안극安極이 아들에게 보낸 편지가 현재 남아 있다.

> 신구新舊 병록病錄을 가지고 정도행鄭道行을 찾아가 보았는데, 정도행은 바로 지금 서울에서 좋은 의원으로 이름을 얻은 사람이다. (중략) 정의원은 본래 친구 가인家人이고 또

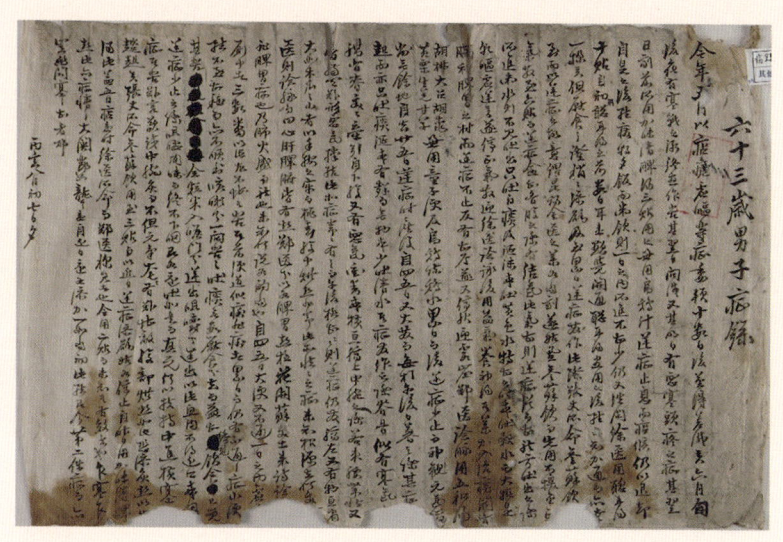

그림 4

「육십삼세남자증록六十三歲男子症錄」(1746), 한국학중앙연구원 소장

이진사李進士 숙부가 자세히 술업術業을 자세히 알아서 천거한 것이다. 효과를 본 뒤에 신구 병록에 또한 새롭게 더한 증세를 상세하게 첨가해 적어 보내는 것이 좋겠구나.[57]

당시 안정복의 병록을 본 한양의 의원 정도행은 안정복이 본래 허약虛弱한 데다가, 책을 너무 열심히 보아서 생긴 병이라고 진단했다. 그래서 심기心氣를 안정시키고 신기腎氣를 보양하면 치료할 수

있다고 판단했다. 다만 그에 앞서 최근에 걸린 감기 증세를 먼저 치료해야 한다며, 시호계지탕柴胡桂枝湯을 3첩 사용하도록 권했고, 효과가 있은 다음에 증세에 따라 처방하겠다고 대답했다.

이에 안극은 안정복에게 시호계지탕 3첩을 지어 보내면서, 생강 3쪽, 파 2줄기를 넣어 복용하라고 알려주었다. 그리고 효과가 있으면 비록 번거롭더라도 사람을 보내 빨리 치료하는 것이 좋겠다면서, 이때 병의 상태를 신구 병록에 첨부해서 적도록 했다. 문서가 이렇게 작성되면, 환자인 안정복의 최초 증세가 기록되고, 다음에 그에 해당하는 처방이 적히게 된다. 다시 새로이 나타난 증상이 기존의 병록에 새롭게 첨가되는데, 번거롭지만 거리가 멀어서 발생하는 어쩔 수 없는 일이었다.

둘째는 환자 혹은 환자의 집에서 질병 발생과 이후의 경과뿐만 아니라 과거의 병력까지도 상세히 기록한다는 점이다. 이는 병록의 근거가 되는 특정 기록―질병 발생에 관한―이 존재하고 있음을 알려주는데, 일기가 그 역할을 했을 가능성이 크다. 앞서 김성탁의 사례에서도 발견되지만, 특히 상주 낙동 풍양조씨 집안의 「무진생남자병록戊辰生男子病錄」에서는 20살 남성이 나이별로 앓았던 질병이 차례로 기록되어 있다.[58]

문서의 작성자는 원래 몸이 약해서 병의 근본이 많았는데, 각기

원인은 다르다고 하면서 14~15세부터 상세하게 기록했다. 문서에 따르면, 14~15세에는 침이 붉고, 작은 핵核 정도 크기의 담痰이 있으며, 겨울에는 여러 번 관격증關格症을 앓아 위중한 때도 있었다고 한다. 관격증은 소변이 나오지 않고 동시에 구토가 멈추지 않는 증상이 나타나는 매우 위급한 병증으로, 심하면 정신을 잃을 수도 있었다. 16세에는 쌀쌀한 가을에 백일장을 보러 가느라 며칠을 숙박하는 가운데, 창문 옆에서 자다가 감기에 걸린 일 때문에 발생한 해수咳嗽가 문제였다. 방안은 온돌의 기운이 있었지만, 밖이 차가운 관계로 병을 얻었는데, 증상이 심하지 않았다지만 기침할 때마다 가슴 깊은 데서 기침이 나면서 여러 해가 지나도록 없어지지 않았다. 그리고 양기陽氣가 넘쳐서 밤마다 몽정夢精하는 증상도 있었는데, 이해 겨울 결혼을 했다고 한다.

17세에는 전년의 기침 때문인지 소리가 막혀서 잘 나오지 않고, 대화에 어려움이 있는 증상이 있었다. 그리고 신부腎部가 찌르듯 아프면서 막혀, 소변이 잘 나오지 않는 증상도 있었다고 하였다. 기록하지는 않았지만, 결혼 이후 지나친 성생활 때문이었을 가능성이 크다. 이때의 증상이 제대로 치료가 되지 않으면서, 18세가 되었을 때 봄부터 고환睾丸 주위에 습기가 크게 일어났는데, 여름이 되면서 더욱 심해졌다. 나중에는 옷을 적실 정도가 되었으며, 외신外腎(생식기)을 찌르듯 통증이 심해져서 소변을 보는 데에도 어려움을 겪었다.

겨울이 되어서도 차도가 없었던 데다가 이제는 배에 뭔가 응결된 듯하면서, 숨이 가쁘기 시작했다. 정확히 알 수는 없으나 커다란 기생충寸白[59]이 있는지 배꼽 위에 단단한 사물을 둔 듯하고, 여러 차례 손으로 누르면 작은 소리가 났다. 크게 호흡을 하면 소리가 커졌는데, 이 때문에 곧바로 눕기도 어려울 지경이었다. 오랫동안 냉설冷泄을 하고, 열기가 오르면서 뺨이 붉어지고, 얼굴과 배에는 반루癥瘰(결절)로 움직일 기운도, 소리를 내기도 어려웠다고 한다. 다만 뜨거운 물이나 죽을 먹으면 조금 덜했는데, 이때 약을 한 제劑나 먹었음에도 차도는 없고 체한 듯했다.

본격적으로 증상이 심하게 된 시기는 20세 때부터였다. 이때에는 먼저 이에 문제가 나타났는데, 입에서 열이 나더니 이가 흔들리고, 입안에는 백태白苔 같은 것이 가득했다. 입에 피가 고이면서 물을 10여 일이나 마시지 못할 정도였지만, 다행스럽게도 차도가 있었다. 물론 여파로 잇몸이 상해서 혀로 문지르면 피가 날 정도였고, 이 아래를 손으로 누르면 번번이 통증을 느꼈다. 하지만 진짜 문제는 18세 때에 앓았던 증상들이 이전보다 심하게 나타난 것이다.

20세의 환자가 과거 10대 초반부터 5~6년간 앓아왔던 다양한 질병과 증상이 빼곡히 적혀있다. 이렇듯 상세하게 기록하기 위해서는 단순히 기억에만 의지하기 어렵다. 일기로 상세히 기록하지 않았더라도, 분명히 당시에 기록해 둔 무엇인가가 있었을 것이다. 그리고 기록의 이유는 당장 고통을 받는 질병의 원인을 알려면, 과거에 어떤 질병을 앓았는지 매우 중요하다고 여겼기 때문이다.

셋째로 환자가 의원을 끊임없이 선택한다는 사실이다. 특히 의료의 상업화가 진행되기 시작했다고 평가받는 조선 후기에는 이전 시기보다 많은 의원이 활동했던 것으로 파악된다. 따라서 개별 의원들의 역량은 천차만별의 차이가 존재했겠지만, 환자에게 많은 의원을 만날 기회가 생겼다. 무엇보다 환자에게 재정적인 여유가 있다면 충분히 가능한 일이었다.

앞서 소개한 「육십삼세남자증록」에서 김성탁은 치료를 위해 유배지인 광양 인근의 많은 의원들을 만나고 있었다. 하지만 치료를 받아도 상태가 좋아지지 않았고, 며칠 후에는 지금껏 만난 의원들의 의견이 엇갈리는 상황을 써서 다른 의원에게 전달했다.

이러한 괴이한 증상들의 근원이 어디에 있는지 모르겠습니다. 서의徐醫는 진맥하고서 "심心과 간肝, 비脾에 모두 열이 있다."라고 했으며, 정의鄭醫는 "비와 위에 열이 극심하다."라고 했고, 화개花開의 소처사蘇處士가 와서 진맥하고는 "비와 위의 병이 아니고, 폐화肺火가 치성해서 그렇다."라고 합니다. 어떤 말이 맞는지 모르겠습니다.[60]

최종적으로 문의한 의원이 누구인지는 전혀 알 수 없지만, 그가 만났던 여러 의원의 일치되지 않는 소견으로 속이 타들어 가는 환자의 심정이 그대로 전해진다. 이처럼 많은 의원을 찾는 것은 현재에도 환자들이 병원을 전전하며 명의를 찾는 일과 비슷하다. 몇백 년 전이나 지금이나, 질병의 고통을 피하려 모든 수단을 동원하는 인간의 기본 속성은 크게 다르지 않기 때문이다.

병록 속 환자의 사연들

문헌을 위주로 연구하는 역사학에서 항상 대두되는 문제가 있다. 그것은 기록을 남긴 사람의 시각에서 당시의 사회를 인식하게 된다는 점이다. 가령 조선시대 연구의 기본적인 자료인『조선왕조실록』에서도 주요 등장인물이 국왕과 신료라는 점에서, 그들을 제외한 조선 사회의 구성원들은 하나의 대상으로만 그려질 뿐이다. 이는 의학의 실천인 의료 현장에서도 그대로 재현되는데, 질병의 고통을 안고 있는 환자는 그저 의원이 치료할 대상으로만 파악된다. 의원이 저술한 의서나 그들이 남긴 치료의 기록인 의안에서 보이는 일관된 모습이다.

그와 달리 병록은 의원의 치료 대상이면서 동시에 한 인간의 주체적 기록이라는 특징을 갖는다. 따라서 여기에는 환자들이 질병을 어떻게 파악하는지, 의원을 바라보는 시각은 어떤지 등이 구체적으로 드러난다. 실제 병록에서 환자들이 주목하는 점이 무엇인지 살펴보기에 앞서, 그렇다면 조선시대의 병록이 과연 얼마나 남아 있는지와 같은 기본적인 정보를 확인해 보자.

최근의 연구에 따르면, 병록은 증록症錄 혹은 병증록病症錄이라고도 하는데, 2021년 현재 주요 기관에 소장된 현황이 87건이라고 한다.[61] 이후 병록의 현황을 파악한 연구가 없는 상태여서 단정하기 어렵지만, 연구가 진행된다면 병록의 수치는 늘어날 가능성이 있다. 어쨌거나 현전하는 병록의 현황은 다음과 같다.

〈표 3〉 병록 현황

한국학중앙연구원 『고문서집성古文書集成』			
경주 옥산 여주이씨 장산서원·치암종택편	2건	나주 회진 나주임씨 창계후손 가편	1건
남원 순흥안씨 사제당후손가편	2건	양주 해주정씨 종가 전적	1건
영해 재령이씨편	2건	의성김씨 천상각파편	18건
상주 낙동 풍양조씨 양진당·오작당	1건		
국사편찬위원회 전자사료관			
김광식 수집 대구 경북 고문서	25건	풍산김씨 영감댁 소장 자료	3건
하회 풍산류씨 화경당(북촌댁) 문중	4건	충남 논산 명재종택	1건
한국국학진흥원 소장자료 DB			
노봉 문중	3건	달성서씨 낙동정사	1건
영양남씨 영해 난고종택	1건	영일정씨 매산종택	6건
영일정씨 호수종중	1건	재령이씨 존재종택	1건
풍산류씨 충효당	3건	한산이씨 소산종가	4건
흥해배씨 임연재	1건		
기타 기관 및 개인 소장			
강원대학교 중앙박물관	1건	국립민속박물관	1건
국립한글박물관	1건	충남대학교 충청문화연구소	1건
심노숭 남천일록內南遷日錄內 전사본	1건	개인 블로그	1건

이 가운데 『고문서집성』에 포함된 병록을 중심으로, 병록의 내용이나 특성들을 살펴보려고 한다. 전부를 대표하는 것은 아니어도, 다른 병록과 크게 차이가 나지는 않는다고 생각하기 때문이다. 사실 이에 대해서는 앞으로 면밀한 연구가 필요한 대목이다.

병록에서는 가장 먼저 문서 제목으로 성별과 나이가 기록된다. 아마도 병록의 수신자인 의원에게 환자의 기본적인 정보를 제공하기 위해서라고 생각할 수 있다. 그런데 특이하게 환자의 이름을 밝히지 않는 경우가 대부분이며, 게다가 실제 문서를 작성한 사람과 문서를 받을 의원도 기재되어 있지 않다. 단정하기 어렵지만, 이는 문서를 전달하는 사람을 통해 의원에게 건네지기 때문에 나타난 현상으로 보인다.

환자의 이름이나 문서 작성자를 굳이 쓰지 않아도 문서 전달자의 입을 통해 파악할 수 있는 부분이기 때문이다. 또한 한 의원에게만 병록을 보내지 않고, 그 병록을 다른 의원에게도 보여줄 수 있다. 그런 이유에서 병록의 수신인, 즉 의원의 이름도 적혀있지 않다. 이런 이유로 87건의 병록을 분석한 연구에서 연대가 특정된 것은 15건밖에 되지 않았다고 한다. 그렇다고 하더라도 대부분의 병록은 양란, 즉 일본·청과의 전쟁이 끝난 이후인 조선 후기에 작성되었을 가능성이 크다.

시기 특정이 어렵다는 아쉬움에도 불구하고, 병록의 내용을 보면 당시 사람들이 질병을 대하는 태도가 여실히 드러난다. 앞서 김성탁의 사례나 풍양조씨 집안의 20세 남자의 사례처럼, 대개 작성자는 자신의 기억을 총동원했다. 최근 문제가 된 질병 상태를 간략하게 쓸 때도 있지만, 어려서부터 앓았던 질병과 치료 과정을 자세하게 기록했다. 특히 질병을 일으키게 된 원인으로 여겨서인지, 자신이 처해있던 환경으로 지역이나 날씨 등도 빠트리지 않았다. 그리고 장거리의 여행이나 잦은 술자리도 거론된다. 이와 관련하여 두 가지의 사례를 보자.

먼저 앞서 나온 김성탁의 병록이다. 김성탁은 1728년(영조 4) 이인좌李麟佐의 난에 의병을 일으키고, 토역문討逆文을 보내는 등의 일로 안핵사按覈使의 추천을 받아 참봉이 되면서 관력官歷을 시작했다. 1735년에는 과거에 급제하여, 사헌부司憲府 지평持平, 사간원司諫院 정언正言, 홍문관弘文館 수찬修撰을 역임하며 순탄한 관직 생활이 이어졌지만, 1737년 스승인 이현일李玄逸의 신원소伸寃疏를 올렸다가 영조의 노여움을 사서 제주도 정의旌義로 유배되었다. 이후 광양, 강진의 신지도, 다시 광양으로 유배지를 옮겨 다니다가 병록이 작성되고 얼마 지나지 않아 사망하였다.

병록에 따르면 김성탁은 1746년 3월부터 외감外感으로 인해 해수

咳嗽로 고생했고, 5월에는 학질의 증세가 나타나기 시작했다.

> 올해 3월에는 외감으로 인해 해수가 생겨 매우 고통스러웠는데, 갑자기 사라졌다가 갑자기 재발하면서 오래도록 낫지 않았다. 하지만 그 와중에도 생활[起動]은 평소와 다르지 않았는데, 다만 음식을 꺼리는 증상[厭食之證]이 있어서 아침·저녁으로 몇 홉에 지나지 않는 양을 먹을 뿐이었다. 그래서 어선魚鮮도 더욱 싫어했고, 비록 농어[鱸魚] 같이 좋은 고기의 회나 구이도 겨우 몇 젓가락을 뜰 뿐이어서 억지로 들지 못하였다. 5월 초부터는 학질을 세 번이나 앓아, 원기가 〈쇠퇴하고〉 허역虛逆이 특히 심하였다. 10여 일 동안 죽도 입에 대지 못할 정도였다.[62]

그러다 병에 차도가 있었는데, 다시 도지게 된 사건이 있었다. 적적한 마음으로 바람을 쐬러 강가에 나갔다가, 섬진강에서 불어오는 강한 바람을 정면으로 맞은 것이다. 이후로 과거에 있던 이명증이 심해지고, 연달아 오한과 두통이 극심해졌다. 여기서 주목할 부분은 그의 질병을 악화시키는 요인으로, 섬진강에서 바람을 맞은 사실을 분명하게 기억하고 병록에 기록했다는 점이다.

질병으로 고통받는 사람들은 질병이 어디에서부터 연유했는지 알고 싶어한다. 그것은 단순한 지적 호기심의 발로가 아니라, 질병의 원인을 안다면 동시에 그것을 피하거나 치료할 방법도 알아낼 수 있으리라는 기대가 있기 때문이다. 현재를 사는 우리는 인터넷을 이용해 지금 앓고 있는 증상의 근원을 찾는다면, 조선시대를 살았던 사람들은 자신의 기억 속에 나타난 신체의 변화가 무엇이었는지를 돌이켜본 것이다.

환자가 누군지 파악할 수 없는 또 다른 병록을 보면, 그는 능직陵職에 있으면서, 동료들의 권유로 매일 술을 마시다가, 심한 두통과 함께 팔다리가 댕기는 증상을 겪었다. 그러더니 해가 바뀌어 팔다리가 마비될 정도로 심각해지고, 생식기와 복부까지 통증을 느끼게 된다.[63] 적어도 이 사람은 최근의 병증인 팔다리 마비가 과거 동료들과 절제 없이 술을 먹었던 결과로 이해했다. 사실 두 사건이 직접적인 연관이 없을 수도 있지만, 그의 머릿속에서는 증상의 유사성이 그와 같은 추정을 가능케 했다.

병록은 단순한 과거 기억의 소환에 그치지 않았다. 동시에 그들이 자기 몸의 변화상을 파악하려고 노력했으며, 상응하는 의학적 지식도 소유했다는 사실을 알려준다. 가령 정보가 확인되지 않는 57세 환자는 과거의 병력으로, 그가 41세 되던 여름 장마철에 습한

2. 병록에 보이는 고통의 기록

곳에 있다가 수족이 마비되고 머리와 가슴이 막힌 듯한 증세가 있었다고 기록한다.

> 올해 여름에 근 한 달간의 장마 중에 간혹 습한 곳에 거처하여, 수족이 마비되고, 머리 위로 어떤 기운이 덮친 듯하고, 다른 사람의 말소리가 머리와 가슴에 맺혔다. 가까운 곳에 약을 문의할 사람이 없어서, 내 마음대로 성향정기산星香正氣散 여러 첩을 지어 먹었더니, 여러 증상이 점차 좋아졌다. 그러나 배가 불러 커져서 물을 삼키지도 못하고, 앉거나 눕지도 못하였다. 그런 까닭에 공연단控涎丹 7-8개를 복용하였더니, 하루에 4-5차례 설사를 크게 하였더니, 뱃속이 비로소 편안해지고 미음도 먹을 수 있었다.[64]

이때 성향정기산은 중풍中風으로 정신이 흐리고 멍하며 몸을 잘 쓸 수 없는 것을 치료하는 처방으로, 복통을 치료하는 곽향정기산藿香正氣散에 목향木香과 남성南星을 첨가한 것이다. 그런데 45세가 되었던 때에도 이와 유사한 증상이 있어서, 그는 자신이 직접 단방으로 포부자炮附子를 달여서 복용했다. "내 마음대로"라고 했지만, 내 몸인데 걱정이 없었을까? 어쩔 수 없는 처지였대도, 최소한의 지식이 없다면 불가능한 일이다.

물론 식자층이라고 하더라도 위의 인물과 같은 행동을 하기는 쉽지 않다. 주변의 의원에게 도움을 청하는 것이 우선이며, 그것이 병록 작성의 기본 목적이다. 그런데 의원을 직접 보기 어렵다면, 최대한 정확한 용어로 환자의 상태를 알려줄 필요가 있다. 그래서일까, 병록을 검토하면 신체나 질병명과 같은 곳에서는 한문을 이용하면서도, 간혹 상태를 표현하는 부분에서는 우리말을 사용하는 모습을 보인다.

위의 성향정기산을 마음대로 지어서 먹었던 환자의 경우가 그랬다. 그는 과거 병력을 밝히면서, "兩脛忽出冷汗, 땀이 끈끈하고, 兩脚冷如氷, 滿身骨節 즈긋즈긋 알푸며" 같은 표현을 사용한다. 현재 말로 바꾸어 본다면, "양쪽 다리에 갑자기 차가운 땀이 흘렀는데, 땀이 끈적했다. 그러면 양다리가 얼음처럼 차갑고, 온몸의 골절들이 지긋하게 아팠다." 정도가 되겠다. 16세의 결혼한 여성의 질병을 기록한 병록에서는, 환자가 "메슥메슥 아니꼽고, 但不嘔吐, 而 뉘춤이 흐르고"라고 묘사했다.[65] 바꿔 말하면, 뱃속이 "〈토할 듯이〉 메슥거리지만, 구토를 하지 않았다. 그러나 침이 흐르는" 상태라 할 수 있는데, 다만 "뉘춤"이 어떤 상태의 침을 말하는지 알 길이 없다.

이런 방식으로 환자의 증세를 상세하여 기록한 병록을 의원에게 전달해서 처방을 받는다고, 곧바로 효과를 보는 경우는 별로 보이지 않는다. 가령 말라리아의 특효약인 키니네가 알려지기 전까지는 여러 치료법을 사용하더라도 학질은 쉽사리 고칠 수 없었다. 그랬기 때문에 개항 이후 키니네가 학질의 치료제로 소개되자, 사람들이 열광하게 된 것이다. 같은 이유로 병록에서는 여러 의원을 만나는 일이 다반사였고, 이는 문서의 수신인을 별도로 밝히지 않은 이유기도 했다.

현재 경상북도 의성군에 속한 비안比安 지역에 살았던 인물의 병록이 좋은 예이다.[66] 그는 서울을 다녀오면서 몸이 쇠약한 상태에 있다가 6~7월 사이에 처음 학질의 기운을 느꼈다. 이후 10여 일 후 밤에 자려다 추위로 몸을 떨면서 한밤 내내 큰 고통을 느끼게 되었다. 그는 학질이라 여겨서 의원을 찾아가 약을 먹고, 완쾌까지는 아니지만 약간 나아진 상태였다. 그러던 가운데 12월에 화재가 나는 바람에, 아들에게 평소 있었던 병이 발작하자 그는 50-60리나 떨어진 의원을 찾아가다가 기침과 함께 관절의 약한 통증이 있어서 먹는 것도 줄어들고, 자주 눕기만 하였다.

다음 해가 되어 정월에 형수의 상을 치르면서 증세가 더욱 심해졌고, 4월에는 위중한 상태가 되었다. 그러자 그는 비안에 사는 전의全醫가 뛰어나다는 소문을 듣고, 직접 가서 귤피사물탕橘皮四物湯

20첩을 처방받았다. 다행스럽게 "신효神效"했다. 이후 9월에 병자가 직접 비안에 가서 의원을 만나 상의하고 다시 귤피사물탕을 가감한 30첩을 처방받았으나, 이번에는 효과가 없었다. 게다가 비안에 다녀온 뒤로 실음증失音症에 해수가 더해지는 등, 병세는 나빠졌다. 이에 11월에 다시 비안으로 가서, 의원에게 해수의 증세를 묻고는 이모산二母散을 처방받았다. 그러나 반 첩을 먹기도 전에 해수가 더욱 심해지면서 병세는 더 나빠졌다. 이에 그는 약의 복용을 멈췄다.

그리고 다음 해 정월에 신녕新寧에 사는 권의權醫가 "신침神針"이라는 이야기를 듣고, 집에는 상의도 하지 않은 채로 의원을 맞이해 여러 번 침을 맞았다. 그러나 기운은 다 사그라들고, 설사를 하며 입맛도 없어졌다. 또 정신을 제대로 가누지 못하고, 허언을 하면서 밤에 잠들지 못하는 정도까지 이르렀다. 이에 새로운 의원에게 문의하고자 병록을 작성한 것이다. 그에 따르면 증세를 다 말하기 어려울 정도여서, 병증을 올바로 진단하기 어렵고, 근처에는 시험할 만한 처방(즉 의원)도 없는 상태라고 하였다.

이상을 보면, 환자는 한 번 치료하여 효과를 보면 다시 그 의원을 찾는다. 그러나 효과가 없다면 결국 의원을 바꾸는데, 그래도 한 번은 기회를 더 주었다. 자신에게 맞는 의원을 찾기 어려우니, 어렵게 만난 의원을 교체하기가 쉽지 않았던 때문일까? 그러나 두 차례의 치료가 실패하자, 이제는 과감하게 교체했다. 실제 여러 병록에서도 자주 의원을 바꾸는 양상을 보게 되는데, 이런 현실에서 의원은 어떻게 대응했는지 살펴보도록 하자.

3

의원의 치료와 의안

의원이 되는 과정

이제 환자가 아니라, 의원을 살펴보도록 하자. 먼저 의원이 되려면 무엇을 어떻게 해야 했을까? 현대에는 대학에 설치된 의과대학에서 정규 교육과정을 마치면, 국가에서 정한 자격시험을 거쳐서 의사 면허를 취득할 수 있다. 한국은 현대의학과 함께 한의학이 공존하고 있기에, 의사와 한의사 시험이 별개로 존재한다. 시대가 다른 것처럼, 조선시대에는 지금의 방식과는 꽤 달랐다.

조선에서 국가의 의관이 되기 위한 경로는 몇 가지가 있었다. 먼저 양반인 경우라면 의서습독관醫書習讀官이 되는 길이 있었다. 물론 나이도 어리고 머리가 좋다는 전제가 있지만 말이다. 그러나 이들 가운데 계속해서 의학 관련 일을 하는 경우는 많지 않았다. 왜냐하면 성리학을 중시하는 사회에서, 병을 다스리는 치병治病의 의학은 나라를 다스리는 치국治國과 항상 비견되더라도, 차이가 분명하게 존재했기 때문이다. 양반이 관료로 진출하기 위해 거쳐야 하는 관문인 과거와 달리 의학은 잡과雜科에 속했으며, 양반의 의미가 문·무과 출신자에게 통용되었음을 생각해 보면 쉽게 파악된다. 그들의 최종 목표는 의관이기보다는 문관이었다.

한편 양반이 아닌 경우 대부분 의생에서 시작했다고 봐도 크게 틀리지 않을 것이다. 요새로 치면 대학에서 의학을 배우는 학생 같은 경우라고 하겠다. 지방마다 법전에 정해진 수의 의생이 있었고, 그들 가운데 성적이 좋은 의생은 선발되어 한양에 있는 혜민서와 전의감에서 공부했다. 이때 의서만 배우지 않고 실제 임상에도 참여했는데, 말하자면 실습과 같았다고 할 수 있다.[67] 이들이 해야 할 공부는 여러 차례의 규정 변경이 있었는데, 최종적으로 정리된 부분만 일부 살펴보자.

국가에서 설치한 정식 의료기관은 중앙에 내의원과 전의감, 혜민서, 활인서 정도였으며, 별도로 지방에 파견되는 의학박사와 심약이 있었다. 이런 자리를 얻고자 한다면 반드시 의과를 통과해야 했는데, 초시初試와 복시覆試로 의생 가운데에서 선발했다. 3년마다 시행되는 과거에서 뽑는 인원이 초시와 복시에 각각 18명, 9명에 불과했고, 장원은 종8품, 2등은 정9품, 3등은 종9품이 주어졌다.

시험을 보기 위해 학습해야 하는 의서도 정해져 있는데, 초시에는 『찬도맥纂圖脈』, 『동인경銅人經』, 『직지방直指方』, 『득효방得效方』, 『부인대전婦人大全』, 『창진집瘡疹集』, 『태산집요胎産集要』, 『구급방救急方』, 『화제방和劑方』, 『본초本草』, 『경국대전經國大典』이었고, 복시는 초시와 과목이 같았다.[68] 이 과목은 세조 때에 정해진 것이고, 조선 후기에는 『의학입문醫學入門』, 『의학정전醫學正傳』 등이 새롭게 추가되었다.

시험을 보고 의관이 되었다고 해서 학습이 끝나는 것도 아니었다. 계속 공부를 해야 했고, 품계에 따라 공부의 과목이 정해졌다. 정正·종從3품은 『소문素門』으로 기초 의학 원리를 배우고, 4품은 『장자화방張子和方』으로 의학 원리에 관한 여러 학자의 학설을 익혔다. 5품은 『소아약증직결小兒藥證直訣』과 『창진집』으로 소아의 일반 의학과 소아 전염병을 배우고, 6품은 『상한유서傷寒類書』와 『외과정요外科精要』로 상한 의학 및 외과학을 익혔다. 7품은 『부인대전』과 『산서産書』로 산부인과 과목을 익혔고, 8품은 『직지방』으로 방제학을 배웠다. 그리고 9품 이하 생도生徒는 『동인경』으로 침구학을 익혔는데, 이외에 공통으로 『대전본초大全本草』와 『맥경脈經』을 배워야 했다.[69]

지금 보아도 꽤 체계적으로 정비된 제도처럼 보이지만, 여기에는 주의해야 할 대목이 있다. 이는 의관이 되기 위해서 학습해야 하는 과정이고, 그것을 실제 의원의 육성과 동일시하면 안 된다는 점이다. 가령 19세기 후반 중국에 서양의 근대의학을 소개했던 영국인 선교 의사 홉슨Benjamin Hobson(중국명 合信)은 중국에서 의학이 발전하지 못한 이유가 서양에서 여러 차례 시험을 거쳐야 의사doctor가 되었던 것과는 달리 별다른 규정이 없다고 비판한 것을 참고할 필요가 있다.

물론 실제 의관이 되기 위해서는 시험을 치르고, 끊임없이 교육과 훈련(임상)을 거듭해야 했다. 하지만 의관이 아닌 의원들은 그럴 필요가 없었다. 교육과정 외에도 의사 자격시험을 통과해야만 자격을 취득하는 서양 근대의 방식과는 분명하게 달랐다. 이는 조선에서도 마찬가지였다. 개항 이후 부산의 제생병원으로 온 일본인 의사 고이케 쇼지키[小池正直]의 언급은 바로 그러한 상황을 잘 보여준다.

> 의원은 많은 경우 관품官品에 있는 자의 자제子弟로부터 생기는데, 사람들은 이들을 존중한다. 의원은 스스로 약을 짓지 않고 처방을 기록하여 병가에 주어서, 약포藥鋪에 가서 약을 짓도록 한다. 그러나 이는 거의 서울에 한정되며, 다른 각도의 의원은 대개 약포를 겸업하여 점포 앞에 약국藥局의 표찰을 달고 영업하며, 환자들은 이들을 높이 보지 않는다. (중략) 정부에서는 의醫에 대한 특별한 대책을 지니지 않기 때문에 누구라도 의자醫者가 될 수 있다.[70]

고이케 쇼지키가 말하는 관품을 가진 자의 자제란 의관을 대대로 지낸 가문의 자제를 말한다. 조선 후기에는 잡과 특히 의과 출신자들이 특정 가문에서 세습해서 배출되었는데, 이들 중 국가의 시험을 통과한 의관은 실력이 있는 의원으로 존중받았다. 반면 의과와 관계없이 별도로 의학을 공부해서 의원으로 활동할 수도 있기에, 그야말로 누구나 의원이 될 수 있는 상황이었다. 그들은 한양 밖의 지방에서 주로 활동했으며, 실력이 검증되기 이전까지 그들의 권위는 높지 않았다. 아마도 이러한 사정은 조선 후기 상업의가 본격적으로 등장하면서 더욱 확대된 현상이었을 것이다.[71]

그런데 고이케 쇼지키가 말한 대로 조선에서는 의관 이외의 의원에 관해 의사고시와 같은 특별한 대책을 세우지 않았지만, 그렇다고 마냥 손을 놓고 있지도 아니다. 부족하지만 의생을 교육하는 제도를 만들어 운영했고, 훌륭한 의원이 되기 위해서는 끊임없이 노력해야 함을 여러 차례 강조했다. 그러한 사정은 성종 때에 간행된 『의방유취』에서 찾아볼 수 있다. 266권이나 되는 『의방유취』의 가장 앞에 있는 글은 당나라 때의 의원인 손사막孫思邈이 쓴 '훌륭한 의원이 되기 위해서 공부하는 법[論大醫習業]'이다.

> 무릇 대의大醫가 되려고 하는 사람은 반드시 『황제내경소문黃帝內經素問』, 『황제삼부침구갑을경黃帝三部鍼灸甲乙經』, 『황제내경영추黃帝內經靈樞』, 『황제명당경黃帝明堂經』, 『유주流注』와 십이경맥十二經脈·삼부구후三部九候·오장육부五臟六腑·표리공혈表裏孔穴·본초약대本草藥對와 장중경張仲景·왕숙화王叔和·

완하남阮河南·범동양范東陽·장묘張苗·근소斯邵 등이 쓴 여러 분야의 의서經方를 암송해야 한다. 또한 모름지기 음양가陰陽家의 녹명법祿命法·여러 사람의 관상법觀相法을 깊이 이해해야 하고, 작귀灼龜의 오조五兆·『주역周易』의 육임六壬까지도 아울러 능통해야 한다. 이렇게 해야 대의大醫가 될 수 있다. 만약 그렇지 못하다면 눈감은 채로 밤길을 걷다가 움직이는 대로 넘어지는 것과 같게 된다.[72]

여기에 따르면 『황제내경』과 같은 한의학의 기본 원리를 익히는 것이 우선 필요했고, 진단을 위해 경맥과 맥을 보는 부위인 삼부구후 등을 알아야 하며, 인체를 이해하기 위해서 오장육부를 파악하고, 경락과 치료의 근간으로 십이경맥과 본초 등도 상세히 알아야 한다고 했다. 그리고 유명한 의원들이 지은 다양한 의서들도 배워야 한다고 강조한다. 이 글의 저술 시기가 당나라 때이니, 그 이후로 의서들도 늘어서 점점 배워야 하는 분량은 늘어났으리라 쉽사리 추측할 수 있다.

그런데 이들이 배울 것은 여기에서 그치지 않았다. 사람의 운명을 점치고, 관상을 읽는 방법 등도 포함된 것이다. 만약 이를 소홀히 한다면, "눈감은 채로 밤길을 걷다가 움직이는 대로 넘어지는 것과 같다."라고 했다. 이를 진료 현장의 상황으로 풀이한다면, 제대로 진단하지 못해서 결국 환자를 곤란하게 만든다는 의미이다. 그렇다고 단순히 읽기만 하는 것이 아니라, "그 깊은 이치를 심사숙고하고 마음을 다해 연구해야 비로소 의도醫道를 함께 이야기할 수 있게 된다."라고 강조한다. 의원이 되는 일은 쉽지 않았겠지만, 특히 큰 뜻을 품었다면 더욱 힘들었을 것이다.

의학은 끝이 없는 공부가 필요했지만, 과연 그와 같은 교육을 누가 받을 수 있었는지는 의문이다. 실제로 말보다는 실천이 중요하다. 그런데 앞에서도 말한 바와 같이 조선의 생산력이나 경제력으로는 현재의 우리가 기대하는 수준으로 교육제도를 운용하기가 사실상 불가능했다. 교육을 위해서는 교수자가 있어야 하고, 학습을 위한 도서와 기구 등도 준비되어야 한다.

이른 시기이기는 하지만, 단종 때 경창부윤慶昌府尹 이선제李先齊는 상서를 올려 전의감, 혜민서에서 시행하는 의생 교육의 문제점을 지적한다.[73] 그는 의생을 교육할 제조나, 제거·훈도들이 제대로 교육하지 못하고, 의생이 자습하는 수준에서 학업이 진행되고 있다고 말했다. 교육을 맡은 제조는 의학에 정통하더라도 겸직이기에 의학에만 전념할 수 없었고, 다른 교수자인 제거는 녹봉이 지급되지 않고 관료의 신분만 가진 무록관無祿官이었다.

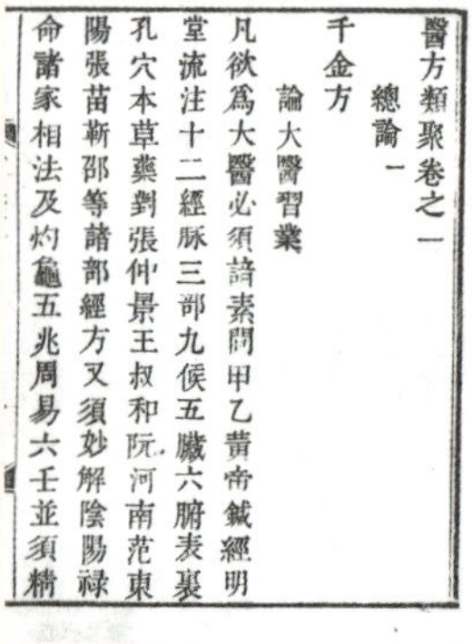
醫方類聚卷之一
總論一
千金方
論大醫習業
凡欲爲大醫必須諳素問甲乙黃帝鍼經明
堂流注十二經脉三部九候五臟六腑表裏
孔穴本草藥對張仲景王叔和阮河南范東
陽張苗靳邵等諸部經方又須妙解陰陽祿
命諸家相法及灼龜五兆周易六壬並須精

그림 5

『의방유취醫方類聚』 권1, 「논대의습업論大醫習業」, 연세대학교 학술정보원 소장

현재 『의방유취』 원본은 일본 도쿄 궁내청 서릉부에 소장되어 있다. 연세대학교 소장본은 1861년 일본에서 축쇄 간행한 것으로, 1876년 조일수호조규朝日修好條規 당시 일본에서 조선에 증정한 『의방유취』 2질 가운데 하나이다.

그리고 훈도는 이제 막 의과를 통과한 사람들이나 가는 정9품의 관직이었다. 제대로 된 교수자가 없었던 셈이다. 게다가 의서는 항상 부족해서, 의생들이 마음껏 책을 공부할 수 있는 여건도 되지 않았다. 하물며 지방에서 선발되어 한양에서 공부하게 된 의생이 이런 지경이었으니, 지방에서 학습하는 의생의 처지는 더욱 열악하지 않았을까?

한편 조선 후기 상업의가 대거 등장하면서, 이러한 문제는 더욱 심각해졌다. 상품화폐 경제의 활성화로 국가의 경제력이 상승했다고 하더라도, 개인들이 의학을 공부하는 것은 여전히 쉽지 않았기 때문이다. 그나마 집안 대대로 의학을 전공하였던 중인 집안의 경우에는 형편이 나았다. 현실에서는 그런 혜택을 전혀 받지 못하고

독학으로 의학을 공부하는 경우가 제법 많았다. 마의馬醫 출신의 백광현이나, 명나라 때의 의원인 장개빈張介賓의 의서를 홀로 읽고서 명의가 되었다는 이희복李喜福 같은 이가 나오게 되는 이유였다. 치종의治腫醫였던 아버지가 일찍 죽어서 교육을 받지 못하고, 겨우 고약이나 만들어 팔던 피재길皮載吉이 내침의內鍼醫에 오른 것은 그야말로 천운이었다.[74]

전문직이라고 할 의원이 되는 과정을 국가에서 명확하게 규정하지 않는 상황에서, 의원이 되기 위한 경로는 이처럼 다양했다. 의생에서 의관으로 가는 정규 코스에 따른다면 그래도 일정한 수준의 교육을 받았겠지만, 독학으로 혼자 책을 읽거나 약간의 임상 경험을 근거로 의원 노릇을 하는 일도 많았다. 바로 고이케 쇼지키가 지적한 현실이며, 따라서 조선 내부에는 다양한 층위의 의원이 존재했다. 이는 조선의 의료 수준 전반을 높이는 데에 결정적인 장애 요소였다고 하겠다.

학문의 발전과 더불어 교육의 제도화를 거쳐 일반적 의료 수준의 제고가 이루어지지 못한 상황에서, 그나마 유일한 방법은 의원이 되려는 사람들이 학습에 신중할 것을 자각하는 길뿐이었다. 그런 점에서 『의방유취』에 실린 「훌륭한 의원의 마음가짐을 논함」이라는 글은 의미심장하다.

세상의 어리석은 자들은 3년간 방서方書를 읽은 후에 곧바로 '천하에 힘써 치료할 만한 질병은 없다'라고 자신 있어 한다. 그리고 3년간 질병을 치료한 후에야 천하에 쓸 만한 처방이 없다는 것을 알게 된다. 그러므로 학자學者가 반드시 의학의 근본 원리[醫源]를 널리 궁구하고 부지런히 노력한다면 주워들은 대로 말을 내뱉지는[道聽塗說] 않게 될 것이다. 그런데도 의도醫道를 이미 통달했다고 떠벌린다면 이것은 자기를 심하게 그르치는 일이다."[75]

다양한 층위로 존재하는 의원의 형태는 의원 자신과 환자에게 또 다른 부담과 선택을 강요했다. 의원은 자기가 공부한 의서의 보편 지식을 자신의 지식으로 몸소 익히는 임상의 과정이 필요했고, 환자는 어떻게 하면 훌륭할 의원을 만날 수 있을지 본격적으로 고민해야 했다. 앞에서 환자가 여러 의원을 만나는 이유였는데, 의원들은 자기에게 주어진 과제를 어떻게 해결하려 했는지 살펴보자.

의원의 진료 경험, 의안醫案

　의원이 되려면 많은 공부를 해야 했지만, 의서만 익힌다고 끝나는 것도 아니다. 그것은 이론을 배우기 위함이지, 실제 임상에 적용할 수 있는 능력을 키워야 했다. 국가에서 의관을 선발하고 진급을 시킬 때, 치료의 성적을 중시한 이유다.[76] 이는 현대의 의료계에서도 똑같이 적용된다. 의대를 졸업하고 의사고시에 합격해서 의사의 자격을 획득한다고 하더라도, 일정한 기간 수련을 거치는 것을 당연시한다. 특히 전문의가 되고자 한다면 인턴과 레지던트로 임상 훈련을 한다. 과거에는 어떠했을까? 하지만 이를 밝혀줄 마땅한 기록은 보이지 않는다.

　특히 국가의 의료기관에 속한 의원이 아닌 경우는 파악하기가 더 어렵다. 의학을 교수한 스승이 있는 경우라면, 스승의 진찰과 치료 과정을 옆에서 보면서 점차 익혔을 가능성이 크다. 또 가문 내력이 있어서, 대대로 의관을 지낸 중인 집안의 후손이라면 훨씬 쉬웠을 것이다. 조선 후기 중인층에 해당하는 의원들에 관한 기록이 다수 포함되어 있는 『이항견문록里鄉見聞錄』을 보면, 스승과 제자의 관계가 약간 보인다. 백광현白光炫과 박순朴淳, 임국서林國瑞와 이동李同처럼 분명한 사제관계도 있지만, 신노인申老人이 배운 스승은 일본에서 가서 침술을 떨쳤다는 신비의 인물도 있다. 그나마 백광현을 제외하고는 잘 알려진 인물들도 아니다.

조금이라도 상세한 관계는 신대우申大羽(1735~1809)가 기록을 남긴 소태원蘇泰元이라는 의원의 예가 있다. 소태원은 7대조와 6대조가 대사간大司諫을 지냈을 정도로 현달한 가문이었지만, 고조인 영복永福이 희릉참봉禧陵參奉을 지낸 이후 집안이 출사를 하지 않았다. 그 영향으로 가세가 기울었는지, 소태원 역시 어려서부터 의학을 전공하였다고 한다. 게다가 그는 자신의 조카뻘인 수열洙悅을 후사로 삼으면서, 의학을 가르쳤다.

> 소태원蘇泰元은 어려서부터 의학을 직업으로 삼았는데, 그의 처방이 매우 기묘하였다. 일찍이 수열洙悅에게 말하기를 "의술이 비록 작은 도道이지만, 그것으로 성취할 수 있는 것은 지극至極하다. 신명神明의 일에도 참여할 수 있으며 민생民生을 구제할 수도 있다. 내가 지금 네게 의학을 전수하는데, (의학은) 부모에게 효도하고 자식에게 자애로운 것과 그 뜻이 같다. 그러니 사람을 귀천貴賤으로 나누지 않도록 조심하고, 네가 의술을 베푸는 데에 나태하지 않도록 조심하여라." 하였다. 그런 까닭에 비록 천한 노예라고 할지

라도 그에게 부탁을 하면 가지 않은 적이 없었고, 반드시 병의 증상을 살피고 처방을 고찰하는데 마음을 다하였다. 이에 병자 중에 그를 만나 치료를 받고서 특별한 효과를 보지 않은 사람이 없었다.[77]

소태원의 경우에는 자신이 의학을 전업하였을 뿐만 아니라 양자로 삼은 자식에게도 의학을 가르쳤다고 하니, 양자는 양아버지로부터 임상 교육을 받은 셈이다. 이러한 몇 사례 외에는 별로 밝혀진 바가 없으나, 대체로 스승과 제자, 집안 내력을 기반으로 임상을 축적했을 것이고, 그렇지 못한 경우 스스로 임상을 축적하는 수밖에 없었다. 마의에서 출발한 침의 백광현은 정말로 예외적인 사례다. 만일 임상이 풍부하지 않은 의원을 만난다면, 환자는 어떤 어려움을 겪을지 알 수 없다.

반면 이미 임상적인 능력까지 갖추었다면, 의원으로서 활동하기는 훨씬 수월해진다. 초보 의원의 기록을 찾아보기 어려운 상황에서, 노련한 의원의 사례를 들어볼 필요가 있다. 이수기李壽祺(1664~1743 이후)가 지은 『역시만필歷試慢筆』은 통상 의안醫案이라고 불리는 저술의 대표라고 할 수 있다. '의안'은 현대식으로 표현하자면 의사가 작성하는 진료기록부에 해당하는데, 환자의 상태와 진찰의 결과, 그에 따른 치료 방법 및 예후豫後 등이 종합적으로 기술된다.

　동아시아 전통 의학에서 의안을 작성하는 기원은 상당히 오래되었다. 고대의 대표적 의서인 『상한론』 역시 의안에 기초했다고 볼 수 있다. 후한後漢의 장중경이 지은 이 책은 상한으로 불리는 열성 전염병에 대한 치료법을 설명하면서 증상의 변화 과정과 자신의 판단 및 처방을 기록했는데, 이는 장중경이 진료의 결과로써 의안을 체계적으로 정리하고 있었기 때문에 가능했다. 그러나 의안이 의서의 한 형태로써 본격적으로 저술된 시기는 16세기 무렵 한무韓懋(1441~1522?)의 『한씨의통韓氏醫通』 2권, 왕기汪機(1463~1539)의 『석산의안石山醫案』 3권 등이 나오면서부터라고 한다. 이후 중국에서는 여러 차례에 걸쳐 '명의의안名醫醫案'이 집대성되고, 이에 대한 연구가 계속해서 진행되었다.

　의안이 작성된 이유는 크게 두 가지로 구분된다. 자신의 평판을 알리기 위한 부차적인 이유를 먼저 들 수 있다. 다양한 매체를 통해 병원을 광고하는 현재와 다른 전근대 시대에 의원 자신을 널리 알릴 수 있는 가장 손쉬운 방법은 의서, 특히 치료의 성과를 알려주는 의안을 편찬하여 유통하는 것이다. 뛰어난 진료 능력을 광고하여 환자가 찾아오게 하고, 자신의 권위를 강조함으로써 진료 과정에서 주도권을 쥘 수 있었다.

그렇다고 하더라도 가장 큰 이유는 물론 의학적인 맥락에 있었다. 동아시아 전통 의서의 구성은 대체로 의학의 원리를 설명한 이후 그 바탕에 다양한 질병을 나열하고, 각 질병의 증상과 치료법을 알려주는 형태를 취하고 있다. 그러나 실전―즉 환자의 직접 진료―에 나서게 되면, 의서에 기술된 내용을 어떻게 적용할지 결정하기는 어려운 일이다. 이럴 때 참고할 수 있는 과거의 경험이자 사례 연구case study가 되는 의안은 매우 유용하였고, 후진에게는 중요한 교육 자료로 활용될 수도 있었다. 즉 의안은 진료의 기록일뿐만 아니라, 의학의 지식을 형성하거나 다른 의원들에게 지식을 전달하고 더 나아가 교육을 통해 개별 학술학파를 형성하는 데에도 중요한 도구가 되었다.[78]

전근대 한국사에서 의안의 존재는 "본조경험本朝經驗" 혹은 "본조경험방" 등으로 표현된 것에서부터 시작한다. 여기서 경험은 의원이 환자를 치료하여 효과를 얻었음을 말하므로, 그 자체가 의안의 성격을 갖고 있다고 할 수 있다. 그러나 일부 의서에서 거론된 경험은 질병과 처방이라는 일대일의 대응이라는 간단한 방식으로 기술되어 있으므로, 그것 자체가 의안이 되기에는 부족하다. 그런 의미에서 조선에서 가장 최초의 의안은 이종준李宗準이 간행한 『신선태을자금단방神仙太乙紫金丹方』에 기록된 내용이라고 할 수도 있지만,

이 역시도 앞서 '경험'을 내세운 "본조경험"과 크게 다르지 않다는 점에서 본격적인 의안으로 보기에는 아쉬움이 있다.

따라서 어떤 것을 진정한 의안이라고 할 것인지에 대한 정의가 필요하다. 의안에는 크게 세 가지 요소가 반드시 들어가야 한다. 즉 환자의 질병 상태, 의사의 진단, 그리고 처방(치료)이다. 물론 여기에 환자의 과거 병력, 의사가 진단을 내린 연유, 처방 이후의 예후 등도 더해져서 보다 상세한 형식이 될 수 있다. 이런 방식을 잘 반영한 대표적인 의안은 18세기 내의內醫를 지낸 이수기가 쓴 『역시만필』이다.[79] 여기서는 의사와 환자 사이에 벌어지는 다양한 상황이 하나의 흥미 있는 이야기로 전개된다는 점에서 매우 독특한 형식을 취했다.

물론 『역시만필』 이외에도 현재까지 알려진 것으로는 18세기 전반에 등장한 주명신周命新의 『의문보감醫門寶鑑』, 조정준趙廷俊의 『급유방及幼方』, 19세기 전반 광주와 전라남도 지역에서 활동한 장태경張泰慶의 『우잠잡저愚岑雜著』,[80] 19세기 중후반 전라도에서 활약한 은수룡殷壽龍의 의안 등이 있다.[81]

이 중에서 시기적으로 가장 앞선 것으로 보이는 『의문보감』은 본격적인 의안집이 아니라 종합 의서였는데도 총 263개라는 많은 수의 의안을 수록했다. 특히 48개는 저자가 직접 경험한 내용이었는데,[82] 의안이 어떠한 형태였는지 상한문傷寒門에 기재된 사례를 살펴보면 다음과 같다.

> 한 소년이 방로房勞 뒤에 상한傷寒을 얻었다. 머리가 깨질 듯 아프고 사지가 쑤시고 아프며, 소변이 붉고 깔깔하면서 대변이 막혔다. 의원이 발표發表하는 약을 몇 첩 사용했으나 효과가 없었다. 9일째 되어서야 나에게 와서 진료를 청하였다. 맥을 보니 부삭浮數하면서 척맥尺脈이 크게 뛰었다. 나는 "음화陰火가 위를 공격해서 생긴 것이다."라고 하고, 육미지황탕六味地黃湯에 지모知母와 황백黃栢을 더 넣어서 한 첩을 먹이라고 하였다. 땀이 나고 변이 나오면서 여러 증상이 줄어들었다. 또 한 첩을 복용시켰더니 나았다.[83]

주명신은 환자가 병을 얻게 된 계기와 함께 나타난 증상들을 차례로 열거하고, 질병이 발생한 원인이 무엇인지 설명하고 처방을 언급했다. 약간의 설명을 보태자면, 상한의 증상 이외에 소변·대변을 통해 상한의 병기病機가 피부에 있는 표증表證으로 여기고 이를 풀어주는 약을 쓴 것과는 다르게, 주명신은 방사房事로 인한 허로虛勞 때문으로 여기고서는 음기陰氣를 보충하는 처방인 육미지황탕을 처방하였다고 밝히고 있다.

　종합 의서였던 『의문보감』에서 의안은 주명신이 체계적으로 서술한 의학의 내용을 보충하는 부수적인 역할로 한정되었고, 그렇기에 기술된 내용도 매우 짧은 형태로 간결하게 정리되었다. 주명신의 최종 목표는 의안의 정리가 아니라, 『의문보감』의 편찬이었기 때문이다. 한편 본격적인 의안집이라고 할 『역시만필』에서는 『의문보감』과 달리 자신이 치료에 참여하게 된 연유나 환자 집안의 사정, 다른 의원들과의 경쟁, 그리고 환자 집안에서 의원을 선택하는 과정 등이 매우 자세하게 서술된다. 게다가 다른 의원과의 경쟁에서 최종적 승자는 저자라는 점에서, 의안의 목적이 질병 치료의 성과를 드러내 권위를 획득하고 환자를 유인하는 방편으로도 이용되었을 것임을 시사한다.

　이상과 같이 간단히 소개한 의안을 통해 조선 사람들의 질병 상황과 환자의 고통, 그리고 의원의 치료 양상들을 고찰할 수 있다. 그렇다면 의안의 기록을 중심으로 상세한 내용을 살펴보기에 앞서, 의원의 진료가 어떤 과정으로 실행되는지 잠시 알아보도록 하자. 현재의 우리가 한의원을 방문했다고 상상하면 이해가 쉽다. 한의사를 만나면 여러 가지 이야기를 주고받고, 이어서 손목을 내밀면 맥을 짚는다. 여기까지가 일반적으로 알고 있는 부분이다.

그림 6
창덕궁昌德宮 내 내의원內醫院

조선시대 약방의 모습을 알 수 있는 자료가 거의 없어서, 내의원을 사진을 제시한다.
내의원은 4칸짜리 작은 건물인데, 조선 후기 의원의 진료는 주로 왕진이었기 때문에 실제
의원醫院도 크지 않았을 것이다.

그러나 환자들은 미처 파악하지 못하는 과정이 숨어있다. 『동의보감』에서는 진단이 어떻게 이루어지는지 설명하는 대목에서, 두 가지를 말한다. 하나는 망문문절望聞問切이며, 다른 하나는 관형찰색觀形察色이다.[84] 망문문절은 하나하나 떼어서 봐야 하는데, 즉 망진·문진·문진·절진이다. 망진은 환자의 형색을 눈으로 살피는 것이고, 처음 문진은 환자의 목소리를 듣는 일이다. 다음 문진은 환자에

게 증상을 묻는 일이며, 마지막으로 절진이 바로 맥을 짚는 것이다. 즉 환자가 의원을 만나러 가는 과정에서, 의원은 이미 망진·문진을 통해 어느 정도 환자의 상태를 파악한다. 그리고 환자에게 질병에 대한 정보를 직접 묻고, 최종적으로 맥진을 통해 병의 원인과 증상을 확정한다.

또 다른 진단인 관형찰색은 망진 시에 무엇을 보며, 보이는 것을 어떻게 판단할지에 관한 이야기이다. 여기서 살피는 것은 피부의 윤기, 정신 상태, 얼굴과 신체 각 부위에 대한 형태 및 색이다. 굳이 나누자면 형태를 보는 관형과 피부색을 보는 찰색으로 구분할 수 있다. 이때 얼굴의 각 부위에 배속된 오장육부를 바탕으로 형태와 색을 보고서 병이 어디에 있는지도 파악한다.

대부분의 의안에서 의원들은 이상에서 설명한 진찰의 과정을 상세하게 언급하지는 않는데, 어쩌면 당연히 해야 하는 것이라 여기기 때문일지도 모르겠다. 대신 『역시만필』에서는 의안 자체만이 아니라, 병록과의 연관성을 알려준다는 점에서 주의가 필요하다. 의원 이수기에게 진료를 의뢰한 환자의 집에서는 질병의 원인으로 생각한 사건과 경위, 증상의 변화를 꽤 자세하게 알려준다. 기억에만 의존한다면 그렇게 자세하게 알고 있는 것이 가능할까? 해답은 병록의 작성이다. 『역시만필』에서 언급되고 있지 않지만, 해당 환자의 집에서는 당연히 병록을 작성해 두었을 것이다. 그랬기에 많은 정보를 의원에게 제시할 수 있었다. 병록과 의안이 뗄 수 없는 상보적 관계가 되는 이유가 여기에 있다.

다만 『역시만필』이 환자의 기록이 아니라 의원의 기록이라는 점에서, 병록이 구체적으로 등장하지는 않는다. 드문 예이지만, 상한병에 걸린 상민常民을 위해 그 처남이 증상을 기록한 병록病錄을 갖고 방문한 적이 있었다. 이수기가 직접 왕진할 상황이 아니었지만, 병록이 워낙 상세하여 시호사물탕柴胡四物湯 처방을 알려주었다. 이수기가 "병의 증상 기록이 매우 명료하니 왕진을 가지 않더라도 어디가 잘못된 것인지 알 수 있네."라고 한 것이다. 그런데 그 처남은 병록이 엊그제의 것이라고 하자, 다시 병의 상태를 확인하도록 했다.[85] 아무리 상세하게 기록한 병록이라고 하더라도, 현재 환자의 상태가 달라졌다면 의미가 없기 때문이다. 병록이 가진 한계가 드러나는 대목이다.

의안을 기록한 이유

의안은 의원이 환자를 치료하고, 그중에서 특별히 기억하고 싶은 일을 기록한 것이라고 하겠다. 수도 없이 많은 환자를 치료했는데, 굳이 별도로 기록한 데에는 충분한 이유가 있어야 한다. 그것은 은수룡이 고방에 대해 비판적 접근을 가능케 하기도 하고, 때로는 지금껏 고수했던 인식을 전환하는 역할을 했기 때문이다. 대략 150개의 사례가 담겨 있는 『역시만필』은 의원이 직면하는 다양한 문제들을 매우 잘 보여주는 의안이다.

평소 담痰으로 고생하던 한韓 진사가 아랫배부터 켕기면서 아프고 대소변을 보기 어려운 산병疝病이 생겼다. 그런데 어느 유의儒醫가 추위로 인한 급성복통과 산병에 활용하는 우공산禹功散에 망초芒硝와 대황大黃을 많이 넣어서 하루에 두 번 복용케 했다. 그러자 바로 설사를 심하게 하고는 실신하였는데, 보름 동안 조리를 한 후에 겨우 살아난 경우였다.

문제는 이 환자가 이후로 6년 동안이나 설사병을 계속 앓았음에도 불구하고 의원의 치료를 거부했다는 사실이다. 당연히 유의의 오치誤治로 인해서 사경을 헤맸던 경험이 그의 뇌리에 깊숙이 박혀 있어서인데, 다행인지 이수기가 담으로 판단하여 적절하게 치료했

그림 7

『역시만필歷試慢筆』, 한진사韓進士 치료 조문(『역시만필』 45면), 종로도서관 소장

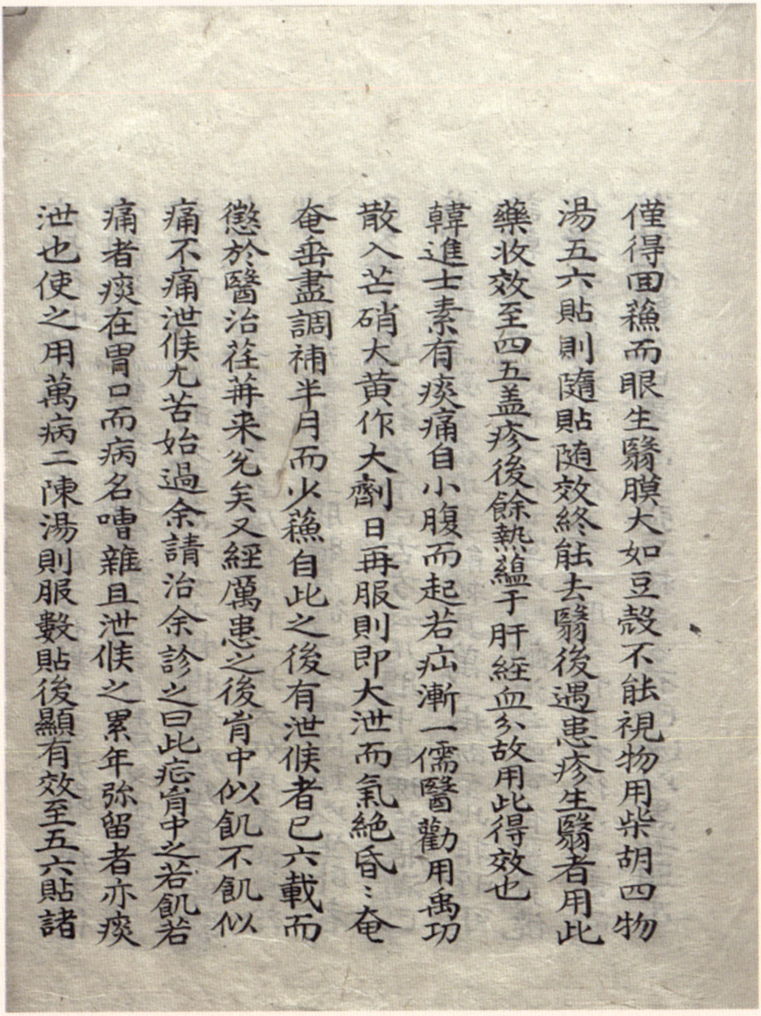

僅得囬穌而眼生翳膜大如豆殼不能視物用柴胡四物湯五六貼則隨貼隨效終能去翳後遇患疹生翳者用此藥收效至四五蓋疹後餘熱蘊于肝經血分故用此得效也
韓進士素有痰痛自小腹而起若疝漸一儒醫勸用禹功散入芒硝大黃作大劑日再服則即大泄而氣絶昏〻奄〻垂盡調補半月而火穌自此之後有泄候者已六載而懲於醫治茌苒來兊矣又經厲患之後肯中似飢不飢似痛不痛泄候兊苦始過余請治余診之曰此症肯中之若飢若痛者痰在胃口而病名嘈雜且泄候之累年弥留者亦痰泄也使之用萬病二陳湯則服數貼後顯有效至五六貼諸

다.[86] 이수기는 이 사례를 두고 "병은 처방을 내는 것이 어려운 것이 아니라, 오로지 병증을 판별하는 것이 어렵다."라고 기술하고 있다. 여하튼 한진사의 사례는 오치에 대한 경험이 6년 동안이나 설사병을 치료하지 않게 놔두게 만든 이유였다. 여기에는 확신을 줄 의원을 만나지 못한 것도 작용했을 것이다.

그러나 한진사의 불행한 경험에는 다른 이유가 두 가지 있는 것으로 보인다. 첫째는 그가 의학에 대해 지식이 거의 없었다는 사실이다. 급성이라고 판단했어도 대량으로 망초와 대황이라는 찬 성질의 약을 먹도록 권했다면, 당연히 의심했을 상황이라고 할 수 있다. 그런데 별다른 의심도 없이 그대로 따른 데에는 다른 이유도 존재한 것으로 보인다. 즉 유의가 위의 약을 많이 넣도록 한 것은 이수기가 미처 기록하지 않은 대목, 즉 한진사가 빠른 치료를 원했다는 점도 작용했으리라 보인다. 이러한 가정이 옳다면, 의학을 전혀 모르는 한진사는 그저 빠른 치료를 원하였던 까닭에 원하지 않는 불행한 경험을 한 것이다.

이처럼 의원과 치료의 방향을 선택하는 데에는, 크게 두 가지 요소가 작용함을 알 수 있다. 즉 환자의 경제적 능력과 의학 지식의 이해 정도이다. 이 중 경제적 능력을 먼저 살펴보도록 하자. 친척이었던 양첨지梁僉知의 아들이 십여 세에 창만증脹滿症을 얻어 고생하자, 이수기는 가감위령탕加減胃苓湯으로 효과를 보았다. 그러나 집이 가난하여 세 첩을 복용한 뒤로는 약을 살 돈이 없어서, 병세가 더 나아지지 않았다. 이에 환자는 돈이 들지 않는 단방單方을 구하였는데, 이수기는 한참을 생각하다가 여름에 쉽게 구할 수 있는 땅강아지를 불에 볶아서 뽕나무 가지를 달인 상지차桑枝茶로 복용하라고 알려준다. 열흘이 되지 않아 큰 효과를 보았는데, 양첨지의 아들에게는 경제적 상황 때문에 선택지가 별로 없었다.[87]

한편 경제력 등은 밝히지 않은 채, 빠른 치료를 원하는 환자들도 많았다. 『역시만필』의 치료 사례를 살펴보면, 수십 첩의 약을 사용하고 한 달이 넘도록 치료하는 경우가 많았기에 이런 치료를 감내하는 것도 쉽지 않았을 것이다. 암이라고 할 적괴積塊가 왼쪽 옆구리 쪽에 있었던 이참판李參判 부인의 사례가 이에 해당한다. 젊었을 때 크게 문제가 되지 않았지만, 나이가 60이 되자 고통을 호소하였다. 이에 이수기는 "한순간에 공격해서는 안 되니, 바로 이른바 쥐를 내쫓을 때 그릇을 조심한다는 말과 같습니다." 하고 설득한다.

그런데 환자의 집에서는 다시 알 수 없는 유의와 상의하고는 강하게 공격하는 약을 사용해, 도리어 소화 기능이 약해지고 식욕이 없으면서 혈괴血塊가 더욱 심해지는 역효과를 보게 된다. 이에 다시 불려 간 이수기는 앞서 방법과 마찬가지로 부드럽게 소화 기능을

도와주면서 혈괴를 통제할 수 있도록 시호육군자탕柴胡六君子湯을 복용하게 했다. 그러나 환자는 단지 두 번 복용한 다음, 치료에 실패한 유의의 말을 따라 계지탕桂枝湯과 귀비탕歸脾湯 같은 약을 먹어서 도리어 번조煩燥와 한열寒熱의 증상만 키웠다. 이수기는 "약을 모두 적절히 가감하여 써야 치료할 수 있으며, 순전히 기를 보하거나 덜어내는 약만 써서는 안 된다."라고 충고하였다. 하지만 이수기의 치료가 느리다고 하면서 빨리 치료하기 위해, 젊은 의원을 불러 우황고牛黃膏와 같은 차가운 약을 써서 무려 하루 십여 차례 복용하더니, 진액이 바짝 마르고 번조가 심해져서는 죽고 말았다.[88]

이참판의 집에서 가장 중시한 것은 치료 효과가 빠르게 나타나는가였다. 그래서 내의內醫까지 지낸 이수기의 처방이 효과를 보고 있음에도 불구하고, 도리어 치료에 실패했던 유의나 어떤 젊은 의원의 의견을 그대로 따랐다. 이참판은 의원을 바꾸어 가며 치료를 진행하고 있었으며, 또한 처방에 대한 경제적 부담도 그렇게 커 보이지 않았다. 그렇지만 결국에 빠른 치료라는 욕망에 사로잡혀, 자신이 직접 경험한 잘못된 치료를 계속해서 감행한다. 의원을 바꿔가며 치료하는 것은 경제력 등이 허용되는 경우 자주 볼 수 있는 현상이었다. 실제 『역시만필』에서도 그 사례가 상당히 많다. 그렇지만 빠른 치료라는 욕망으로 믿을 수 있는 의원의 안전한 치료를 거부한 것은 매우 드문 경우였다.

이처럼 이수기는 여러 의원과 경쟁하는 위치에 자주 놓였다. 위의 경우와 같이 환자가 의원을 바꾸어 가며 치료받는 경우가 있는가 하면, 때로는 여러 의원을 한꺼번에 모아놓고 각각의 의견을 청취하는 때도 있었다. 윤정尹正으로 소개된 인물은 몇 해 전 감기에 걸려 성관계에서 음경이 위축되고 피를 토하는 증상을 겪고, 이수기에게 치료를 받은 적이 있었다. 당시에도 여러 의원이 각기 다른 의견을 냈지만, 윤정은 이수기를 신뢰하였던 까닭에 채택하여, 진료를 받고 낫게 되었다.

그런데 몇 년 후 병이 재발하자 이수기에게 문의했고, 이수기는 이전과 비슷하게 치료했다. 다만 시호육미탕柴胡六味湯을 썼음에도 열은 없지만, 추위를 타는 증상이 있어서 천천히 치료할 것을 권유했다. 다만 집안사람들이 치료 경과가 느리다고 판단하고 여러 의원을 불러 모아 토의하게 했다. 모든 의원이 상한병은 빨리 치료해야 한다고 했지만, 윤정은 다시 이수기에게 와서 의논한다. 여기서 나타나는 환자 윤정은 이수기에 대해 매우 신뢰하는 태도를 보여주어서, 집안사람들의 반대를 물리친다. 물론 여기에는 과거 그를 진료하여 효과를 보았다는 점이 크게 작용했을 것인데, 그 이유로 다른 여타 의원들의 의견을 받아들이지 않는다.[89]

의원에 대한 신뢰는 그가 가진 명망이나 치료 효과 이외에도 진단의 정확함이 매우 중요한 요소였다. 사실 치료의 효과는 결과론적인 측면이어서, 진단의 내용이나 예후를 파악하는 것은 환자를 설득하는 데 필수적이었다. 가령 부인의 설사병을 치료하려던 김상국金相國은 이수기의 처방으로 부인의 설사가 줄자 기혈氣血을 보충하는 다른 처방을 내는 것이 어떤지 의견을 제시한다. 이에 이수기는 자신의 처방에 포함된 약재들이 갖고 있는 각각의 효과들까지 언급하면서, 상국을 설득한다. 이처럼 의학에 소견이 있는 인물을 만나는 경우, 전문적인 의학 내용을 거론하면서 이야기를 풀어간다.[90]

다른 사례로 이수기가 진료를 의뢰받은 송판서의 조카를 치료할 때, 이수기의 처방에 대해 병자의 집에서는 적절한지 의문이 있어서 판단을 내리지 못하고 있었다. 이에 이수기는 "증상이 비록 실열實熱과 유사하지만, 맥증脈證은 전혀 실實하지 않으므로 분명히 이는 허열虛熱입니다. 만약 서늘한 약제를 쓴다면 반드시 허한 것을 허하게 하는 패착이 될 것입니다."라고 주장한다. 이야기를 들은 판서는 깊이 생각하다가 이수기에게 치료를 맡기는데, 이유는 조카가 심한 역병疫病이 걸려 죽다 살았는데, 이후로 항상 기氣가 부족했다는 점 때문이었다. 그러면서 이수기가 진단한 것이 "이치에 가장 맞는다."라고 말하였다. 판서는 조카가 과거 병을 앓았던 이력과 그로 인한 후유증에 대해서도 대체로 알고 있었을 뿐 아니라, 이수기의 주장을 판단할 수 있을 정도로 의학에 대한 기본적인 소양이 있었던 것으로 보인다. 따라서 이러한 환자를 만나는 경우, 의원은 치료를 권하기 위해 논리적으로 설명하는 것이 절대적으로 필요하였다.

같은 이유로 이수기의 경험은 그가 명망이 있는 의원으로 활동하기 위해서 절대적으로 필요한 부분이었다. 『역시만필』은 그의 치료 경험담이면서, 동시에 자신의 의학이 추구하는 방향을 뚜렷하게 드러내는 기록이었다. 이와 관련하여 가장 주목할 사례는 교하交河의 수령이었던 정공鄭公의 장손이 걸린 상한병傷寒病을 치료하는 과정이었다. 아직 스무 살도 안 된 젊은이가 봄에 상한병으로 열이 매우 심했다. 그런데 내의원의 수의首醫였던 이지사李知事가 그 집안과 가까운 사이여서, 날마다 환자를 살피면서 여러 약을 썼으나 조금도 효과를 보지 못하였다. 결국에는 이수기를 천거해서 치료토록 한 상황이었다.[91]

이수기가 진단한 결과는 증세가 열은 심하지만, 맥은 아주 허약했다. 이를 근거로 이수기는 "열증으로 보고 치료하면 안 되고, 오히려 인삼과 부자附子를 써야 한다."라고 주장하였다. 인삼과 부자는 열을 발생시키는 약재로, 환자의 외부적 상태를 고려하면 매우 상반된 치료였다. 그런 이유로 이지사는 병의 원인이 젊어서 방로

房勞가 많았기 때문이므로, 강하게 몸을 보補하는 것은 적절하지 않다고 반박하였다. 여기에 이수기는 "상한병은 잡병雜病과 달라서 마땅히 맥에 근거하여 치료"해야 함을 계속 주장하고, 환자의 집에서는 이수기의 의견을 따라 치료를 진행한다. 결정의 중요 이유는 이수기의 표현에 따르면, "옛사람들 또한 기운을 배출시킬 수 있는 성질 강한 약제의 사용을 경계하였습니다. 이는 부녀들의 산후병이나 소아의 두창·마진의 경우 확실한 열증이 아니라면 필시 허증인 것과 같습니다."라는 말 때문이었다.

이수기의 설명에 등장하는 산후병이나 두창·마진에 대한 진단과 치료에서 자기의 경험이 매우 중요한 의학적 토대가 되었던 것으로 보인다. 이와 관련된 증상의 항목을 『역시만필』에서 살펴보면, 아주 명백히 드러난다. 우선 『역시만필』에서 기재된 총 14개의 부인과 사례 가운데, 사산死産으로 산후 허탈증虛脫症에 걸린 홍생洪生의 아내에게 불수산佛手散과 인삼을 넣은 약으로 조리하였는데, 내의원의 태의太醫가 "부족한 증상이 아니며 오히려 열 증후가 더 많으므로" "열을 내리고 혈血을 보충하는 처방"으로 사물탕四物湯에 황금黃芩, 치자梔子, 인삼을 더한 약을 써야 한다고 말했다.

이를 들은 장인 이감사李監司는 "산후에 가장 무서운 것이 발열증"이라면서 태의의 의견에 동조하는 듯한 태도를 보인다. 이에 이수기는 인삼차의 복용을 계속 주장하였고, 병자의 집에서는 쉽사리 결정을 내리지 못하고 상태가 나빠지자 결국에 이수기의 의견에 따라 치료한다.[92] 비슷한 경험은 다산多産 후에 허증虛症으로 고생한 이한림李翰林의 아내를 치료하는 사례에서도 다시 되풀이된다.[93] 즉 이수기가 말한 산후병에서 확실한 열증이 아니면 허증이라는 근거는 바로 이러한 경험 사례에서 추출된 결론이었다.

의사에게 경험은 매우 중요한 자산이다. 『역시만필』에서 보이듯, 이수기는 현재 상황을 이해하는데 과거의 경험을 동원했고, 현재의 경험은 미래의 자산이 될 것이었다. 이수기가 기대했는지는 알 수 없지만, 혹시 모를 제자를 위한 임상 지침서로 작성했을 수도 있다. 그리고 경험은 의서에서 익혔던 지식을 비판하고, 재종합하는 큰 자산이 되었다. 그 사례를 19세기 중후반 활동하였던 의원 은수룡殷壽龍을 통해서 확인하게 된다.

은수룡은 어느 날 자신에게 의학을 알려준 기존의 '고방古方'에 대한 회의를 느끼게 된다. 자기 집안은 대대로 의원이었으며 그런 관계로 『의학입문醫學入門』이니 『만병회춘萬病回春』이니 『제중신편濟衆新編』이니 또는 『동의보감』 같은 책들이 다 갖추어져 있었다. 그래서 항상 그 책들을 보고, 외우고 혹은 마음 깊이 새기면서, 환자를 대하여 약을 쓸 때마다 전적으로 오직 고방에 따랐다고 한다.

이어서 그는 그 '고방'의 원칙에 따라 환자를 치료한 결과에 대하여 다음과 같이 말하고 있다. 즉, 첫째로 부잣집에서 귀하게 자란 연약한 사람들의 경우는 가장 효과를 보기 어려웠으며, 이에 반하여 소탈하게 자란 장건한 사람은 요행히도 차도를 얻는 경우가 많았다는 것이다. 그러나 '상한傷寒의 음증陰症'이라든가 '잡병雜病의 괴증怪症'과 같은 경우에는 그 '고방'대로 치료했을 경우 그 결과가 그렇게 단순하지 않았다는 것을 다음과 같이 말한다.

> (상한의 음증이나 잡병의 괴증 같은 경우에는) 이것들을 '고방'에 있는 법대로 치료하였다가 환자가 죽으면 으레 천명天命의 탓이라고 생각했고, 이와 반대로 환자의 목숨을 구하게 되면 그것이 사실은 그 환자 본인이 타고난 수명이 길어서 얻은 효과인데도 그것을 알지 못하고 오히려 의원인 자기가 유능해서 고친 것처럼 (자기도 모르게) 자랑스럽게 생각했다.[94]

그리고 그는 이어서 이것이 사실은 비단 자기만이 그러한 것이 아니라, 온 세상 의원들이 그렇다는 말을 첨가하고 있다. 이에 은수룡은 고방에서 찾을 것이 아니라, 자기 경험을 토대로 '구본救本의 치료법*治療法*'을 제창한다. 이에 따라 환자를 치료한 후로부터 수년 동안 많은 사람을 살렸으며, 그 결과 집안이나 친지들 사이에서 비참하게 죽는 경우가 없었다고 말하고 있다. 경험을 토대로 과거 의학을 비판적으로 검토하고, 새로운 의견을 제시하기 위해서는 충분한 기록이 필요했다. 의안은 의사에게 단순히 치료의 실적을 자랑하는 산물이 아니라, 새로운 의학으로 나갈 수 있게 하는 밑거름이기도 했다.

4

환자와 의원의 관계

의료 윤리와 좋은 의원

"저는 의신醫神인 아폴론 신과 아스클레피오스신, 히기에이아신, 파나케이아신, 그리고 모든 신들을 증인으로 모시고, 제 최선의 능력과 판단에 따라 이 맹세를 지키며 의무를 다할 것을 서약합니다. 이 의술을 내게 가르쳐 주신 스승님을 부모님과 같이 존경하며, 그분이 곤란할 때 일용품을 나누며, 그분의 자식들을 내 형제와 똑같이 돌볼 것이며, 이들이 배움을 원하면, 대가와 계약 없이 의술을 가르칠 것입니다. 내 자식과 스승님의 후손에게 충고와 강의 그리고 그 밖의 가르침을 전수하겠습니다. 그 외에는 단지 의사의 관습에 따라 계약을 맺거나 서약한 학생들에게 의술을 가르치겠습니다.

나는 환자의 이익을 위하여 최선의 능력과 판단에 따라 처방할 것이며, 환자에게 해가 되는 부당한 일은 멀리하겠습니다. 나는 아무에게도, 비록 환자의 청이 있어도, 치명적인 독약을 절대로 주지 않을 것이며, 그와 관계된 조언도 일절 하지 않겠습니다. 또 임신부에게 유산할 약을 주지 않겠습니다. 나는 환자를 치료할 때나, 또는 치료하지 않은 경우에도 보고 들은 것을 절대 발설하지 않으며, 비밀로 간직할 것입니다."95

조금 길지만 어디선가 들어본 듯한, 이 글은 바로 히포크라테스 선서이다. 물론 히포크라테스 선서의 원래 모습과 현재 사용되는 선서는 세부적인 내용에서 약간의 차이가 있다. 그러나 눈을 가리고 저울과 칼을 들고 있는 정의의 여신 '디케'가 법을 상징하는 것처럼 히포크라테스는 의학을 대표한다는 사실은 예나 지금이나 변함이 없다.

여신 디케나 히포크라테스는 법이나 의학이 추구해야 하는 목표, 정의와 치유를 은유적이지만 매우 명확하게 보여준다. 그런데 히포크라테스 선서에서 보이는 내용은 전반부에서 스승과 학업의 관계를 설명하고, 후반부에서는 치유의 과정에서 의사가 지켜야 할 덕목이 몇 가지로 제시되고 있다. 환자의 이익이 가장 중요하며, 그 실현을 위해서 최선의 노력을 다할 것이라는 점은 분명하다. 때로 환자가 원한다고 할지라도, 의사는 부당한 일인지 고민하고 합리적인 판단을 내려야 했다. 아울러 치료에서 얻어진 환자의 정보를 누설하지 않는 것도 매우 중요하다.

그렇다면 이렇게 의사와 그가 행하는 의료의 윤리적인 지침은 우리나라, 또는 동아시아에 없었을까? 딱히 일치하는 것은 없지만,

앞서 『의방유취』에서 말한 '훌륭한 의원이 되기 위한 학습'에서 의원의 윤리적인 차원을 말하고 있는 대목을 발견하게 된다.

> 무릇 대의大醫는 질병을 치료할 때 반드시 자기의 정신[神]과 생각[志]을 안정시키고 원하거나 바라는 것도 없어야 한다. 무엇보다 먼저 자애롭고 측은하게 여기는 마음을 발휘하여 사람[含靈]들의 고통을 널리 구원하겠다고 서원誓願해야 한다. 만약 질병에 걸린 사람이 찾아와서 구원을 요청하면 그 사람의 귀천貴賤과 빈부貧富, 나이와 추미醜美, 원수인지 친구인지[怨親], 친소親疏[善友], 지역[華夷]과 지능[愚智]을 따질 겨를도 없이 마치 가장 가까운 친척[至親]을 대하듯이 두루 동등하게 대우한다. 또한 대의는 앞뒤를 재보거나 자기의 길흉吉凶을 헤아려보면서 자기 목숨을 지킬 틈도 없다. 환자의 고통을 보면 마치 자기가 아픈 듯이 여기면서 진심으로 슬퍼하므로, 험한 지형·낮과 밤·추위와 더위·굶주림과 목마름·피로 따위를 피하지 않는다. 혼신을 다해 달려가 구원할 뿐, 자신의 성과[形迹]를 과시하지[工夫] 않는다. 이렇게 하면 백성들의 대의大醫가 될 수 있으며, 이와 반대로 한다면 사람들의 큰 도적[巨賊]이 된다.[96]

사람들은 누구나 다른 이를 대할 때, 조금이나마 선입견도 가질 수 있다. 그렇지만 의원은 환자의 귀천貴賤과 빈부貧富, 나이와 추미醜美, 원친怨親, 친소親疏, 지역[華夷]과 지능[愚智] 등을 따지지 않고, 상대가 그저 자신이 치료할 고통받는 환자임을 명심해야 한다는 것이다. 사실 의원도 사람일진대, 모든 환자를 자기의 가까운 친척처럼 대할 수 있을까?

게다가 지금처럼 환자가 병원으로 찾아가는 형태가 아니라, 당시에는 의원이 환자의 집으로 왕진을 가는 형태가 일반적이었다. 그러면 환자의 집안이 어떠한지, 경제적 능력이나 사회적인 위치 등을 전혀 무시하기 어려웠을 것이다. 또 병원은 의원이 주인인 공간이지만, 환자의 집은 그렇지 않다. 당연히 환자의 사회적 위치는 의원의 감정과 행동에 영향을 미치게 된다. 『의방유취』에는 그러한 점을 지적하면서 환자의 집을 방문할 때의 주의점을 알려주며, 의학의 본질은 환자의 주변 상황을 살피지 않고 치료하는 데 있음을 깨우쳐 준다.

또한 환자 집에 갔을 때는 아름다운 명주들이 눈에 가득 하더라도 좌우를 돌아보지 말고, 좋은 음악이 귀를 채우더라도 짐짓 즐겁게 여기지 말며, 진수성찬이 계속 들어오더라도 맛없는 듯이 먹으며, 맛있는 술들이 펼쳐져 있더라도 못 본 듯이 여겨야 한다. (중략) 무릇 의인[醫]이 되기 위해서는, 수다스럽고 헤프게 웃으면서 농담하고 와자지껄하거나, 시비是非를 함부로 따지면서 다른 사람들을 가타부타 평가해서는 안 된다. 자신의 명성을 자랑하기 위해 다른 의인들을 헐뜯고 자기의 은덕을 으스댄다면, 우연히 질병 하나를 고치자마자 머리를 쳐들고 얼굴을 내밀면서 교만한 모습으로 '천하에 대적할 자가 없다'라고 떠들어댈 것이다. 이것이 의인醫人의 단점短點이다.[97]

의원이 환자를 대하는 점과 함께 주의해야 할 점은 다른 의원과 경쟁에서 이기기를 힘쓰지 말고, 또한 자신의 의학이 전부 옳은 듯 교만함을 가져서도 안 된다는 것이다. 이번에는 치료에 성공했지만, 그 사실이 다음번의 성공을 보장하지 않기 때문이다.

이렇듯 의학 혹은 의사의 윤리와 관련하여 전통 의학 내에서도 오래전부터 분명하게 인식하고 있었고, 『의방유취』에서 총론으로 맨 앞부분에 거론한 것만 보아도 조선에서도 중요시했음을 알 수 있다. 굳이 따지자면, 『의방유취』에 실린 글은 모두 중국의 의서에서 나왔다는 점이다. 그런데 이를 종합하여 조선에서도 새롭게 작성된 글이 있다. 바로 세조가 직접 지었다는 「의약론醫藥論」이다.

조선시대의 역사를 모르는 사람들도 단종의 폐위와 세조의 왕위 찬탈 사건, 즉 계유정난癸酉靖難에 대해서는 들어봤을 것이다. 결국 조카를 죽게 할 만큼 비정한 왕이었지만, 「의약론」에서는 그와 다른 면모를 보여준다. 세조는 「의약론」을 짓고서, 당대에 가장 뛰어난 의원이었던 임원준任元濬에게 주해해서 반포하게 했다. 그리고

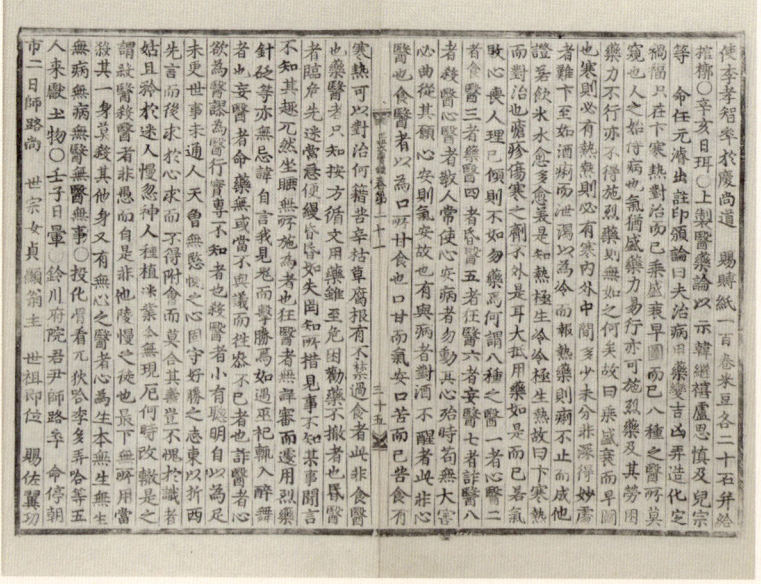

그림 8

세조의 「의약론醫藥論」, 국가기록원 소장

『조선왕조실록』 태백산사고본, 『세조실록』 권31, 세조 9년 12월 27일 신해 2번째 기사.

그 내용이 『조선왕조실록』에 분명하게 남아 있다. 그렇다면 세조는 장문의 「의약론」을 통해 무엇을 말하려고 했을까?

먼저 세조는 질병을 치료하는 것이 약을 사용해 고통을 없애는 조화를 부려, 결국에 생명을 구제하느냐 실패하느냐를 정하는 과정이라고 설명한다.[98] 그리고 치료의 원칙으로 두 가지를 제시한다. 즉 환자의 원기元氣가 어떠한지 살피고, 증상에서 나타나는 한열寒熱을 분간하는 일이었다. 이것만 구분하면 적절한 치료를 실행할 수 있으며, 다만 몸과 마음이 전부 상해서 가망이 없다면 약을 쓰지 않는 편이 낫다고도 말한다. 어떻게 보면 현재 병원에서 실행하는 연명치료를 의미가 없다는 식으로 바꿔 말할 수도 있겠다.

한편 세조는 의원을 8가지로 구분하여, 어떤 이가 좋은 의원이며 또 어떤 이가 나쁜 의원인지 설명한다. 이때 제시된 8가지의 의원 중, 첫째가 심의心醫, 둘째가 식의食醫, 셋째가 약의藥醫, 넷째가 혼의昏醫, 다섯째가 광의狂醫, 여섯째가 망의妄醫, 일곱째가 사의詐醫, 여덟째가 살의殺醫였다. 그렇다면 이들은 각기 어떻게 구분되는가? 세조의 설명을 약간 소개한다.

심의心醫는 병자病者의 마음을 안정시킴으로써 치료하는 의원이며, 식의食醫는 음식으로 치료하는 의원이고, 약의藥醫는 다만 약방문藥方文을 따라 약을 쓸 줄만 아는 의원이다. 여기까지는 추천할 만한 의원이며, 이어서 상대적으로 피해야 할 의원을 서술한다.

혼의昏醫는 자기가 당황하여 제대로 치료하지 못하는 의원이며, 광의狂醫는 자세히 살피지도 않고 함부로 열약烈藥과 침폄針砭 등을 쓰는 사람들로, 이들은 헛되이 '나는 귀신을 만나도 공격하여 이길 수 있다.'라고 자부하는 이들이다. 망의妄醫는 치료할 방도가 없는데도 치료에 나서는 의원이고, 사의詐醫는 의원이 되고자 하나 온전히 의술을 알지 못해 속이는 자이며, 마지막으로 살의殺醫는 스스로 의술에 능하다고 여기고 다른 이를 그르다고 여기며, 환자를 측은하게 여기지도 않는 의원이다.

이처럼 여덟 종류의 의원을 말했다지만, 마지막에 무심無心한 의원이 있어서 사실상 아홉 종류의 의원이 있는 셈이다. 다만 무심한 의원을 설명하는 대목은 쉽게 이해되지 않는데, 아마도 생사生死라는 인간사를 초탈하여 환자에게 깨달음을 주는 의원으로 생각된다. 그렇게 되면 환자 역시도 자신의 질병으로부터 자유로워질 수 있기 때문이 아닐까? 적어도 이념적으로 그렇지만, 과연 이를 의원이라고 할 수 있을지는 판단하기 어렵다.

어쨌거나 세조가 제시한 여덟 부류 가운데 가장 좋은 의원은 환자의 마음을 다스릴 줄 아는 심의이겠고, 식의를 거쳐, 의원이라면 최소한 약의는 되어야 할 것이다. 가장 경계해야 할 의원은 살의로 표현되어 있는데, 그가 실력이 있고 없고를 떠나 자기의 견해만을 고집하여 결국 환자를 죽이는 의원이라고 하였다. 결국 세조는 8가지 의원의 유형을 제시함으로써, 의원이 취해야 할 행동의 원칙을 알려주고 있었다고 말할 수 있다.

따라서 훌륭한 의원이 되려면 『의방유취』에서 말한 것처럼 많은 서적을 섭렵해야 한다. 그래야만 자신의 부족함을 깨닫고, 채워 나갈 방도를 찾으려고 노력할 것이기 때문이다. 그 이유를 『의방유취』의 해당 글에서는 이렇게 말한다.

> 만약 오경五經을 읽지 않는다면 인의仁義의 도道가 있다는 것을 알지 못하고, 삼사三史를 읽지 않는다면 과거와 현재의 일을 알지 못하며, 제자諸子(제자백가諸子百家의 다양한 사상)의 책을 읽지 않는다면 어떤 일을 만날 때마다 마음으로 깨닫지 못하고, 불경佛經[內經]을 읽지 않는다면 자비慈悲와 희생[喜捨]의 은덕이 있다는 것을 알지 못하며, 『장자莊子』와 『노자老子』를 읽지 않는다면 참된 이치[眞體]의 운용을 체화할 수 없어서 길흉화복에 대한 구속拘束과 금기禁忌가 하는 일마다 생길 것이다. 심지어 오행五行의 운동[休王]과 칠요七耀 같은 천문天文 분야도 깊이 탐색해야 한다. 이러한 것들

을 모두 배울 수 있다면 의도醫道에서 막힘이 없을 것이니, 지극히 훌륭하고 지극히 아름다워질 것이다.[99]

이렇게 정성을 다해 학습하고, 치료에 임한다면 당연히 좋은 성과를 얻을 것이다. 혹 치료에 성공하지 못한다고 하더라도, 최소한 환자로부터 원망을 덜 듣지 않을까? 그런 의미에서 『의방유취』에서 선행을 베푸는 치료가 결국 음덕을 쌓는 것이어서, 분명 보답을 얻으리라고 말한 것은 당연한 언사다. 그러나 의원 역시 인간인 이상 언제나 성인聖人처럼 행동할 수 없으며, 때로는 장사치처럼 여겨지지도 했다. 영조 때에 약국의 간판으로 휘황찬란한 거리를 두고, 억말抑末 즉 상업을 억누르는 방향에서 약국의 경영을 통제하려 했던 이유는 의업이 인술仁術이 아닌 영업營業으로 전락했다는 인식이 팽배했기 때문이었다.[100]

정약용이 남긴 속의俗醫에 대한 비판은 이런 맥락에서 읽을 필요가 있다. 의학의 본질이 무엇이며, 정약용 자신이 유의로서 인술을 베푼 것과 다르게 영업이 되면 어떤 현상이 벌어지는지를 잘 보여준다. 조선에서 홍역[痲疹]에 관한 연구가 없는 이유는 수십 년에 한 번씩 유행하는 홍역을 전공한다면, 돈이 되지 않기 때문이라는 분석은 작금의 우리에게도 시사하는 바가 매우 크다.

의서醫書란 매우 어려워 외우기가 어렵다. 가결歌訣이나 첩괄帖括은 몇 가지씩 외우면서도, 두진의 한 가지 증세를 논함에 있어서는 그 조목을 분석하고 변형하여 방서方書가 매우 많아졌다. 그러므로 지금의 의원들이 다 외울 수 있겠는가? 그런데도 어째서 병을 앓는 집에 가면 목을 뻣뻣하게 세우고 잘난 체하며 종이를 펴서 붓을 들고 손 가는 대로 금방 써 내려가는가? (중략) 의원들은 두창처럼 위험한 병을 만나면 버리고 도망가 버리는 데, 마음속으로 후회하지 않는 것은 아니지만 책망이 두렵기 때문이다. 입장을 바꿔 생각해 보면, 의원이 하는 일이 이와 같으니 어찌 의원을 믿고 목숨을 맡기려 하겠는가? 그러나 다른 병에 있어서도 의원들은 익숙하지 못하다. 심지어 마진麻疹은 수십 년에 한 번씩 오는데 의원이 이를 업으로 삼아 무슨 이익이 되겠는가? 그러므로 병에 임하여 모르는 것을 억지로 하는 것이 기이하고 의심스러울 뿐이다.[101]

의료계의 변화를 맞이한 환자

오랫동안 변화가 없던 조선의 의료계는 18세기 이후 크게 달라졌다. 가장 주목할 변화는 바로 많은 의료인이 등장하기 시작했다는 점이다. 효종 때에 사약계私藥契를 금지하는 조치가 나올 정도로 사설 약방藥房이 확대되기 시작해서,[102] 특히 영조 때에는 한양의 경우 약방들이 간판을 휘황찬란하게 걸고서 경쟁적으로 영업하는 것에 대해 규제해야 한다는 논의가 나올 정도가 되었다.

한양을 중심으로 상업적 의료행위를 하는 의원이 다수 영업을 했는데, 그들은 주로 진료만을 담당했다. 약재 거래는 약재상이 하는 형태여서, 굳이 표현하자면 현재의 의약분업과 유사한 방식이었다. 이제 환자는 의원을 선택해서 진료받고, 별도로 운영되던 약국에서 약재를 사서 사용하는 환경이 마련되었다.[103] 따라서 약재상 영업도 역시 활발해져서 탕제湯劑가 아닌 환제丸劑를 전문적으로 만드는 직종이 생겨날 정도로 의료계는 왕성하게 성장하는 분야였다.[104]

많은 의원이 활동하고 약국이 운영되었다는 사실은 18세기 의약에 대한 수요가 확대되고 공급을 위한 사회적 유통 체계가 성립되었다는 배경 아래 가능했다. 그러나 의약의 상업화를 촉진한 것은 무엇보다 약재의 상품성이 컸기 때문이다. 생사와 연관되니 그 어면 재화보다 수요가 강했으며, 이는 재화로서 가치 상승으로 이어졌다. 18세기 후반, 처방에 반드시 사용되던 생강을 도고都庫하는 상황이 연출된 것은 그와 같은 이유였다.[105]

그러나 이러한 현상은 거주민이 많은 한양에서 나타났고, 지방을 비롯한 대부분 지역에서는 여전히 의원과 약재가 부족했다. 17세기 이래 각 지역에서 약계나 약국계藥局契가 조직된 이유다. 경상도만 하더라도 사족을 중심으로 설립된 상주의 존애원存愛院[106]이나 영주의 제민루濟民樓[107]가 있었고, 강원도에는 200년 이상 운영된 강릉의 약계가 있었다.[108] 지방의 향촌 사족들이 재원을 내서 마련된 이러한 사설 의료기관에서는 약재를 준비하여, 필요시에 출자한 사족들이 공동으로 사용했다. 현재 도시와 농촌, 더 나아가 서울과 비서울 지방 간에 존재하는 의료의 격차가 조선에서도 벌어지는 현상이었다.

한편 늘어난 만큼 의원들의 경쟁이 심해지면서 나타난 또 다른 변화는 바로 의학 내부에서 전문 분야가 형성되기 시작했다는 사실이다. 즉 자신만의 고유영역 혹은 전문영역을 구축하게 된다면, 요샛말로 전문의로서 안정적인 지위를 확보할 가능성이 높아지기 때문이었다. 현재 의과대학과 대형 병원이 연계되어 운영되는 전문의 과정—일명 인턴, 레지던트 과정—과 비교할 수야 없겠지만, 이는 커다란 변화였다.

　물론 자신이 전공하는 분야가 당시 사회에서 충분한 수요가 있어야 한다는 전제가 필요했는데, 그런 이유로 가장 먼저 중시된 분야가 부인과·소아과·두창 등이었다. 그 현상에 대해서 유만주는 "서울의 의원은 대부분 분과分科되어 있으니, 부인의婦人醫·소아의小兒醫·종의腫醫·두의痘醫가 그것이다."라고 말했다.[109] 그가 '대부분'이라고 언급했음을 보면, 적어도 한양의 의료계에서는 전문화가 매우 보편적으로 진행된 듯하다. 그런 이유로 유만주는 『흠영』에서 의원들 가운데 전문의인지를 분명하게 구분하여 기술했는데, 가장 두드러진 것은 소아의와 두의라고 할 수 있다. 아무래도 세 자녀의 아버지였다는 점이 크게 작용했을 것이다.[110]

　가장 먼저 소아의를 살펴보면, 1781년 큰딸의 질병을 살피고 의녀가 내린 강죽차薑竹茶·소아청환小兒淸丸의 처방이 타당한지 검토해 준 이행눌李行訥이 등장한다.[111] 여러 의원에게 진찰받는 것이 일반적이기는 하지만, 의녀의 처방을 다시 확인한 사실에서 유만주가 전문의에 대한 신뢰감이 상당히 있었던 듯하다. 그 외에도 딸의 감질痁疾을 치료했고, 1787년 아들의 병이 위중했을 때 치료에 참여했던 김의金醫도 있다.[112] 이처럼 한양에는 소아만을 전문으로 하는 의원이 다수 존재했는데, 그만큼 사회적 수요가 컸음을 알려준다.

소아의와 다르게 부인의는 드물게 보이는데, 1784년에 성명이 밝혀지지 않은 부인의가 있다.[113] 독특한 것은 1786년에 그가 직접 찾아간 우의禹醫로, 그는 산과産科와 함께 두진痘疹을 전문했고 신의神醫라는 세간의 평을 받았다고 말한다.[114] 산과에서는 주로 출산 직전·직후의 산모와 태아의 질병을 대상으로 하였다는 점에서 부인과·소아과는 서로 관련이 되며, 두진痘疹의 경우에는 소아과와 연결되었다. 따라서 그는 출산과 연결된 부인과와 소아과를 동시에 전문하였던 것으로 보인다.

이처럼 유만주는 분과가 진행된 의원에게 진료받으려고 했는데, 여기에는 전문의에 대한 신뢰가 이미 형성되어 있었기 때문이었다. 그래서 어떤 의원이 전문화에 대해 비판하자, 유만주는 의문을 표시하기도 했다. 그런데 의학 내부에서 소아의나 부인의, 두의로 분화될 가능성은 이미 오래전부터 있었기 때문에, 이 시기 만의 독특성이라고 단정하기는 어렵다.

중국에서는 이미 송나라 때부터 전문의로서 소아과나 부인과, 외과 등을 전공하는 의원들이 등장했고, 조선 초기부터 의원을 양성하기 위한 교육과정에서 소아과 전문서인『소아약증직결』이나 부인과의『부인대전양방』은 필독서였다.[115] 즉 조선 전기부터 소아과, 부인과가 동시에 중요시되었던 것인데, 그만큼 국가적·사회적 수요가 컸기 때문이었다. 아울러 두창을 비롯한 발진 질환을 치료하는 『창진집』 역시 권장 의서에 포함되었으며,116 성종 무렵에는 종창 腫脹만을 치료하는 치종의治腫醫 제도가 마련되어 두의로 분화할 수 있는 기반이 일찍부터 마련되었다.

따라서 부인의·소아의·두의 등이 분화될 여지가 제도적으로 마련되고 있었다고 해도, 그 가능성이 18세기에 한양의 의료계에서 현실이 되었다는 점에서 의의가 있다. 나아가 이들 이외에 보다 미세한 분야를 전문으로 다루는 의원들도 등장하고 있는 현상도 주목할 필요가 있다. 『흠영』에서 보이는 대표적인 사례가 바로 치질과 안과를 주로 치료하였던 의원들인데, 국가에서 마련한 제도와 상관없이 사회적 수요에 따라 점차로 분화했다는 증거이다.

치질은 조선시대 사람들을 괴롭히던 대표적인 일상 질환으로,117 16세기 이문건도 고통을 자주 호소했고, 유만주 역시도 치질로 매우 고생했다. 그래서인지 귀리로 훈증燻蒸하는 등의 치질 비방을 들으면 반드시 기록했으며,118 좋은 의원이 있다는 소문을 들으면 찾아가 논의하고자 했다.119 특히 1786년에는 『동의보감』을 펴놓고 외형편外形篇의 치질 조문을 열람하고 『흠영』에 그 내용을 정리하여 원인, 치료법 등의 대강을 기록으로 남겨 놓기도 했다.120 그가 얼마나 고통을 겪었는지 알 수 있는 대목이다. 그러던 차에 그가 상당히 신뢰하였던 장의張醫가 치질 치료에 탁월하다면서 종의腫醫를 소개하는데, 치질만을 전문으로 하는 의원이었을 가능성이 높다.[121]

한편 유만주는 이른 나이부터 안질환이 심각했는데, 병명을 정확하게 판단하기 어렵지만 눈에 심하게 백태가 끼었다는 점을 보면 내장內障일 가능성이 있다.[122] 그로 인해서 책 읽는 것을 그만두거나 기타 집안의 행사에 참여하지 못하는 일이 종종 있을 정도로 일상생활에 불편을 겪었다.[123] 이문건도 노년에 백내장으로 결국 시력을 잃게 되었는데, 조선시대의 사람들이 안과 질환을 많이 겪었을 가능성이 높다. 지금과 달리 실내에서는 빈약한 조명을 사용했고, 밖에서는 강한 자외선 노출을 피할 방도가 없었기 때문이라고 추측해 본다.

유만주는 치료를 위해 보간발운산補肝撥雲散을 사용하려고도 했으며, 황백피黃栢皮를 소금물에 끓여서 눈을 씻어주기도 하고, 황련黃連을 물에 담갔다가 그 액체를 눈에 넣기도 했다.[124] 아울러 다양한 치료법도 반드시 기록했는데, 10년 넘게 눈병이 지속되던 중에 눈이 먼 경우에도 점차로 나아지게 하고 내장의 증상은 곧바로 치료하는 의원이 있다는 소식을 듣게 된다.[125]

이틀 후 의원을 찾아간 그는 어떻게 하면 늙어서까지 책을 읽어도 눈이 나빠지지 않을지 비결을 물었고, 의원은 네 가지의 방법을 알려주었다. 첫째로 매일 아침 물을 끓여서 수증기로 눈을 훈증하고, 둘째로 자신이 처방한 약을 밤마다 눈에 넣는 것이었다. 세 번째로 책을 읽지 않으며, 네 번째로 육식을 자제하라는 이야기를 들었다.[126]

이처럼 자세한 설명까지 들은 그는 약을 구매하여 사용했다.[127] 과거 안약으로 황백피·황련 등을 사용했다고 밝힌 것과는 대조적으로 이때의 처방이 무엇인지 드러나지 않는 것을 보면, 의원이 약재의 이름을 알려주지 않고 직접 판매했던 것처럼 보인다. 아마도 비방秘方의 형태로 사용한 듯한데, 이는 처방이 누설되어 새로운 경쟁 의원이 등장하는 것을 막으려는 조치로 생각해 볼 수 있다. 잠시 약의 사용을 정지한 적도 있지만, 유만주는 약 1년 이상을 노인에게 처방받은 약을 꾸준히 이용할 정도로 신뢰하였다.[128] 그러나 기대와 달리 경과는 좋아지지 않아서 내장이 점차로 심해졌다.

이상에서 살펴본 바와 같이 유만주의 언급대로 한양에는 소아의·부인의·두의 등으로 의학의 분화가 상당히 진행되었다. 나아가 종의에서 분화되었을 치질 전문의나 안과 치료만을 주로 담당하는 의원들도 활동하고 있었다. 이는 사람들이 요청하는 의학의 분야가 다양해졌다는 측면과 함께 의원들의 경쟁으로 사회적 수요에 민감해지면서 전문화가 확대된 결과였다고 보는 것이 옳다.

의원 사이의 치열한 경쟁은 환자에게 좋은 소식이다. 요새로 치자면, 보다 질이 높은 서비스를 받을 가능성이 높아졌기 때문이다. 그러나 의원 사이의 견해가 갈리는 경우 곤란함에 처하기도 했다. 하나의 예를 들어보자. 『역시만필』에서 처음 소개된 홍진紅疹의 치료 과정이다. 환자는 송판서宋判書의 조카라는 인물이다.[129] 환자는 1720년 여름에 유행병인 홍진紅疹에 걸려 약을 써서 치료했으나 도리어 나빠진 상태였다. 판서가 이수기에게 치료를 요청한 때는 14일이나 지나서였는데, 열이 심하였고, 혀가 말려 짧아지고, 설태舌苔가 검게 끼고, 헛소리에 허공에 손을 내젓는 등, 이수기의 표현대로 "숨이 끊어질 듯 오늘내일하여 아침저녁으로 목숨을 부지하기 힘든" 상황이었다.

판서는 여러 의원을 불러 논의하게 했는데, 다른 의원들은 열증熱證이라고 단정하고 열을 내리는 약인 사심도적산瀉心導赤散, 시호사물탕柴胡四物湯, 우황육일산牛黃六一散과 월경수月經水·야인건野人乾 등을 추천할 때, 이수기는 홀로 허열虛熱이라고 주장하면서 맥문동탕麥門冬湯에 인삼을 더해서 쓰는 처방을 내린다. 다른 의원들의 의견과는 사실상 정반대되는 진단과 처방을 내렸으니, 환자는 얼마나 당황했을까?

그런 이유로 환자의 집에서 엇갈리는 의견 때문에 이러지도 저러지도 못하고 머뭇거리는 상황이 발생한다. 결국 이수기의 의견을 따르면서 환자는 호전되지만, 이런 경우는 그나마 나은 상황이고 다른 의원들의 의견을 따르다가 증세가 심각해져서 끝내 이수기마저도 구원하지 못해 마침내 사망하는 환자도 발생한다. 의원이 많다는 것은 한편으로 축복이지만, 다른 한편으로 어느 의원의 말을 들어야 하는지 고민스러운 일이었다. 의원들의 경쟁은 세조가 경계했던 좋은 의원으로서 식의·약의, 나쁜 의원인 광의·망의·살의를 구분할 수 있는 능력을 환자들에게 요구했다.

의원 선택의 갈림길

서울과 같은 대도시의 거리를 나서면 사방에 크고 작은 병원을 보게 된다. 사거리처럼 유동 인구가 많은 곳에는 유독 병원이 많다. 개인병원, 한의원 외에도 수많은 약국이 있고, 대형 병원이라면 거리가 떨어져 있기는 하지만 교통이 발달한 현대에 큰 문제가 되지 않는다. 물론 지방으로 갈수록 의료 부족 문제가 불거지고, 도시와 지방 간의 의료 격차가 사회문제로 대두하지만, 이 또한 정책적 의지나 정보통신의 발달 등으로 극복이 가능한 상황이다. 4~5백 년 전을 들지 않고, 최소 백여 년 전과 비교하더라도 이는 매우 큰 차이다.

조선의 사람들은 항상 의료인의 부족을 느꼈고, 또는 신뢰할 의료인이 그다지 많지 않다고 실망하는 사례도 많았다. 특히 조선 전기에 우황청심원이 만병통치약처럼 널리 쓰였던 것도 어쩌면 부족한 의원을 대신할 방법이었을지 모른다.[130] 그렇다고 치료를 포기할 수 없는 일이니, 환자는 어떻게 의원을 선택했을까? 병자들에게 있어서 의원을 선택하는 일은 가장 신중하게 결정할 사건이었다. 현대의 환자들이 대형 병원과 명의를 찾는 이유는 과거와 크게 다르지 않다. 정보가 대규모로 유통되는 지금과 다른 조선시대에 살았던 사람들의 의원 선택의 방법은 당연히 지금과 크게 다를 수밖에 없다.

명의를 찾기가 역사 이래 치료를 받아야 하는 환자의 가장 큰 희망이다. 이때 널리 회자膾炙되었던 "의원이 삼대를 내려오지 않았으면, 그 약을 먹지 않는다[醫不三世 不服其藥]."라는 말이 도움이 된다. 삼대를 거쳐 의업을 이어왔다는 사실은 많은 것을 의미했다. 우선 긴 시간을 유지할 만큼 치료의 능력을 기대할 수 있었고, 기적적인 치료가 아니더라도 최소한의 안전이 가능할 것이며, 한편으로 집안에서 내려오는 비방祕方이 있을 가능성도 있다. 결론은 다른 의원들보다 치료 가능성이 있으리라는 기대가 충분하다는 점이다.

이와 함께 알려진 "병이 발생하기 전에 미연未然에 치료하는 것이 가장 좋은 치료"라는 인식도 있었다. 질병이 겉으로 드러나기 이전에 치료할 수 있다면 가장 좋겠고, 이는 예방의학이라는 측면에서 긍정적이었다. 다만 환자가 직접 받아들이기는 어렵다는 분명한 단점이 있다. 가령 '의원의 세 가지 등급'을 말한 권구權榘(1672~1749)의 이야기를 들어보자. 그는 질병을 미리 방비하는 상의上醫, 병에 걸린 환자를 그나마 잘 치료하는 중의中醫, 저급한 기술로 망령되이 치료하여 환자에게 도리어 해害를 입히는 하의下醫가 있다고 말한다.[131]

이 가운데 상의를 만날지, 하의에게 치료를 맡길지는 전적으로 환자의 선택에 달려 있다. 따라서 의원을 선택함에 신중해야 하는 것은 당연한 일이고, 권구는 그 사실을 강조하려 했다. 의원을 구분한

다음에 그는 이렇게 말했다.

> 자기 몸을 아끼고 병을 치료하고자 하는 사람이 의원을 선택하는 일에 신중하지 않을 수 있겠는가? 대개 사람들의 지혜라는 것이 이미 드러난 것은 알 수 있지만, 미래에 나타날 것은 알지 못한다. 그러니 반드시 신기하고 마음을 즐겁게 할 만한 자취가 분명하게 드러나서 볼 수 있게 된 이후에야 비로소 믿는다. 그런 까닭에 그들이 선택하는 것은 항상 드러난 것에 있지, 드러나지 않은 것에 있지 않다.[132]

그러나 그의 의견에 따라 신중하게 결정해도 세 가지 등급의 의원 가운데 상의上醫를 알아내기는 처음부터 불가능이다. 다만 치료의 성공 사례가 있다고 하더라도, 그에 대한 신뢰가 쌓인 이후에야 의원을 취할 수 있을 것이다. 단정하기 어렵지만, 현실에서는 상의보다 중의가 많고, 또 중의보다 하의가 많지 않았을까? 아무래도 당시의 사람들이 접하기 쉬운 의원은 주로 하의였을 것이다. 게다가 상업적 의료 시장의 급격한 성장에 따라, 돈을 좇아 의원 행세를 하는 이들도 많았다. 근대국가에서 의사 자격을 분명하게 규정하고 철저하게 감독하는 것과 같은 국가적 대안이 마련되지 못하고 있었다는 점이 그와 같은 현상을 부추기고 있었다.

그렇다면 진정 실력이 있는 의원을 만나는 것은 불가능한 일일까? 이에 대해 이호민李好閔(1553~1634)은 매우 적절한 사례를 제시하고 있다. 물론 이호민의 말이 실제 벌어진 일인지는 알 수 없다. 그러나 적어도 당시 사람들의 의원에 대한 인식을 살펴볼 수는 있다는 점에서 의의가 있다. 그는 나이가 든 노련한 의원을 만나라고 한다. 그가 남긴 글인 '노의老醫는 맹랑하게 사람을 죽이지 않는다는 논의'에서 그의 생각이 잘 드러난다.

이호민은 이 글에서 노련한 의원의 처방은 진부하게 보이더라도 좌판 앞에 장중경張仲景의 『금궤옥함金樻玉函』을 늘어놓고, 유완소劉完素와 장종정張從正 등의 의학 이론까지 읊어대는 젊은 의원보다 낫다고 말한다. 장중경이 누구인가? 그는 한의학에서 성인의 위치로 이해될 정도의 인물이다. 후한 때의 의원이자 『상한론』의 저자인 장중경은 외감병인 상한을 통해 질병이 경맥을 중심으로 인체에 차례로 미치는 과정과 그에 알맞은 처방을 제시한 인물이었다.

또 유완소와 장종정은 이른바 금원사대가金元四大家로 불리는 4명의 훌륭한 의원 가운데 두 사람이다. 금원사대가의 의학은 한의학의 고전인 『내경』을 새롭게 해석해서, 한의학의 이론을 풍부하게 했다는 평을 받는다. 그리고 허준이 『동의보감』을 편찬할 때, 이들

금원사대가의 영향을 많이 받았음은 잘 알려져 있다. 이런 장중경, 유완소, 장종정을 거론하는 젊고 패기 있는 의원이 아니라, 왠지 맥없이 보이는 늙은 의원을 추천하다니!

그 이유로 이호민은 의원의 태도와 처방의 안정성을 거론한다. 노의가 놀라지 않았다는 것은 그가 경험이 많은 노련한 의원이기 때문이며, 그의 처방이 진부한 것 같지만 거기에는 치료의 순서가 어긋나지 않는다고 말한다. 대신 젊은 의원이 힘쓰는 것은 자기를 돋보이게 하려는 여러 의서와 현란한 말솜씨일 뿐이며, 무엇보다 다른 의원의 처방을 바꾸지 않으면 3일 안에 죽을 것이라고 하는 말하는 자세는 남을 헐뜯고 자신을 과장하는 표현에 지나지 않는다고 비판한다.[133] 젊은 의원은 그야말로 세조가 정의한 살의이다.

그런데 각각의 치료에 대한 객관적인 기준이 존재하지 않다는 점에서, 치료의 적절성 여부는 과정이 아니라 오로지 치료의 성과를 근거로 판단될 수밖에 없다. 게다가 조선 후기, 특히 도성의 많은 의원과 약국들이 경쟁하면서는 이 상황은 더욱 격화될 소지가 컸다. 즉 경쟁의 양상은 빠르고 분명하게 효과를 증명해야 하는 방향으로 흘러갔고, 의원들은 효과가 증명되지 않은 처방도 사용하거나 의서에서 통용되는 정도를 넘어서는 과도한 치료를 하는 등의 부작용이 나타났다.

정종로鄭宗魯(1738~1816)는 과거의 명의名醫들이 제시한 치료의 핵심은 원기元氣를 북돋움으로써 객기客氣와 사기邪氣를 몰아내는 것뿐이었다고 단정한다. 그러면 병이 나을 뿐만 아니라 몸도 온전할 수 있었는데, 지금의 의원들은 그렇지 못하다고 비판하면서 다음과 같이 말하고 있었다.[134]

> 지금의 의원들은 (옛날의 의원들과) 달라서, 옛 처방은 버리고 새로운 방법을 세울 뿐만 아니라, 침구鍼灸도 분수에 넘치고 탕액湯液도 준열峻烈한 정도를 지나쳐서 잠시 병의 상태가 좋아지기를 힘쓸 뿐, 근본의 계책은 돌아보지 않는다. (효과를 보면) 점차로 스스로 기뻐하고, 다른 사람들도 효과가 빠름을 좋아하여, 편작扁鵲과 창공倉公이 다시 살아났다고 생각한다.[135]

정종로는 의원들이 효과가 불분명한 처방을 사용하고, 침구와 탕액이 정도를 넘어서 과하게 이루어지고 있었음을 지적하고 있다. 하지만 환자의 집에서 다른 의원을 초빙한다거나 혹은 그들의 의견을 제시하면서, 의견을 묻는다면 어떻게 답할 수 있을까? 대부분은 상대방보다 내가 낫다고 말하려 하지 않을까? 그래야만 환자를 계속해서 진료할 가능성이 생기기 때문이다. 그러니 내가 내린 처방으로 실력을 빨리 증명할 필요도 있었다.

『역시만필』을 쓴 의원 이수기는 진료 현장에서 다른 의원들과 자주 경쟁하는 처지에 놓여 있었다. 또 『침질기』의 저자 심원열은 아버지의 증상을 기록한 병록을 의원에게 보내 문의하고 처방을 받으면, 곧바로 다른 의원에게 처방이 과연 옳은지 묻기도 했다. 김제행은 아버지 김성탁의 증상을 기록한 병록에서 다른 의원들의 처방과 함께 치료의 성공 여부를 알려주고 의견을 묻기도 했다.[136] 무한한 경쟁은 기회가 넓어진 긍정적인 측면이 있지만, 거꾸로 의원과 환자 모두에게 부담으로 작용했다.

이제 잠시 치료가 성공했다는 사실보다, 환자의 상태를 오랫동안 확인하면서 신뢰가 쌓였는지가 의사를 선택하는 데 가장 중요한 조건이 된다. 물론 사람들은 세간의 소문이나 주변의 추천을 통해서 소개받고 치료 효과가 나타나면 그 의원을 주로 이용하기도 했다. 이는 현대에도 여전히 벌어지는 현상이다. 대형 병원의 유명한 의사라면, 진료를 위해서 몇 달을 기다려야 한다. 명의라는 명칭은 해당 의사의 기술적인 측면에 대한 평가이기도 하지만, 동시에 그가 지금까지 쌓아온 임상적 경험이 다른 의사보다 많고 기대한 효과를 거두었다는 말이기에 당연할지도 모른다.

그렇지만 나에게 가장 좋은 의원은 나를 잘 아는 사람일 것이며, 한편으로 집안의 병력이나 여러 사정을 잘 아는 의원이라면 그가 지속해서 돌보는 것이 가장 효과적이지 않을까? 유만주가 『흠영』에 남긴 다음의 이야기는 그런 점에서 의미 있는 대목이다.

그림 9
『흠영欽英』 1784년 11월 12일 조문, 서울대학교 규장각한국학연구원 소장

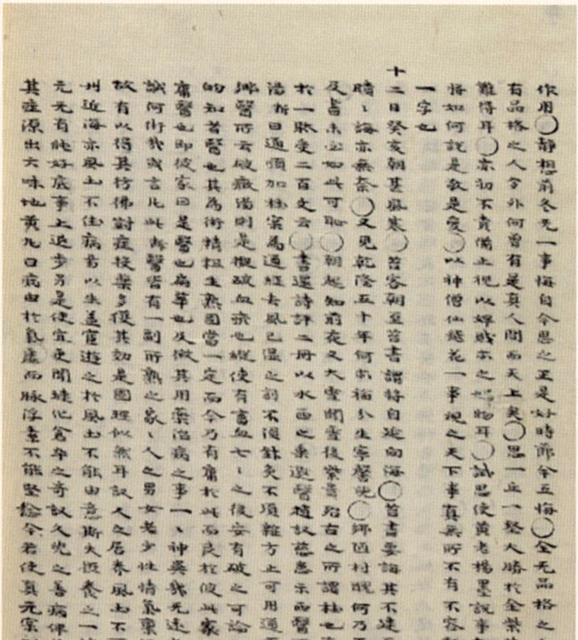

> 의원이 의술을 행함에 있어서 정밀함과 조잡함, 생소함
> 과 능숙함에 당연히 어느 정도 (차이가) 있다. 지금은 (의
> 원들이) 이 분야에는 용렬하지만, 저 분야에서는 뛰어날 때
> 도 있다. (그리하여) 이 집에서는 '이 의원은 형편없다[庸醫]'
> 라고 말하고, 저 집에서는 '이 의원은 편작扁鵲·화타華陀다.'
> 라고 말한다. 그가 약을 쓰고 병을 치료하는 일들을 하나하
> 나 증명하여 신비한 능력[神異]이 편작과 화타에서 멀지 않
> 다면, 이것은 진정 어떤 의술이겠는가? 간혹 말하기를 (그
> 러한 이유로) 의원은 모두 저마다 익숙한 집안이 있으니,
> 그 집안의 남녀·노소·성정·기품을 익히 알기 때문에, 그가
> 증상에 맞춰서 투약하면 효과를 얻는 것이 많다고 하는데
> 이치상 그럴듯하다.[137]

그는 이 말을 하기 2년 전에 의학의 분과 현상을 어떻게 보는지 의원에게 문의한 적이 있었는데, 당시에 의원은 알면 모두 아는 것이지 피차의 구분이 있을 수 없다고 부정적으로 대답하였다. 이에 대해 유만주는 옳지 않은 것 같다고 논평하였는데,[138] 이번에도 유사한 의견을 개진하여 저마다의 뛰어난 분야가 있음을 인정한다. 따라서 그 분야에 정밀한 의원을 이용하는 편이 적절하다고 이해한

다. 그리고 한 집안을 자주 왕래하면서 오래도록 살핀 의원은 집안의 성정과 기품을 더 잘 알기 때문에 치료의 효과가 높을 수 있다는 점에 주목한다. 유만주 역시 주로 찾아가는 의원이 있었는데,[139] 이러한 인식이 크게 영향을 미친 것으로 보인다.

그러나 자주 왕래하는 의원이 처음부터 존재할 수는 없다. 바로 그와 같은 상황에서 환자가 선택할 수 있는 전략은 의원을 자주 교체하여, 그 능력을 파악하는 일이었다. 실제로 많은 환자들이 이와 같은 방법을 사용했는데, 심원열이 기록한 「침질기」에 그 양상이 잘 드러난다. 환자였던 아버지 심노암은 의학적 지식을 약간은 갖고 있었는데, 가령 1810년 겨울 학질을 치료하는데 인삼의 첨가 여부를 두고 심하게 갈등하는 상황이 있었다.

당시에는 평소 자주 만났던 홍욱호洪旭浩라는 의원을 만나, 누구의 의견이 맞는지 문의하는 상황이 전개되었다. 이에 그치지 않고 심노암의 동생인 심노숭沈魯崇(1762~1837)도 변관해卞觀海라는 의원에게 심원열을 보내어 자문을 요구하는 지경이었다.[140]

> 12월 초 2일에 내가 홍욱호洪旭浩가 처방한 기록을 변의원에게 보내 의논했는데 그가 답하기를, "적석지赤石脂는 석약石藥이어서 대변이 내려가는 길을 어렵게 할 염려가 있으

니, 저의 견해로는 결코 복용해서는 안 됩니다."라고 했다. 내가 변의원의 말을 백부와 아버지께 알리자, 아버지께서 말씀하셨다. "신중하기로는 변의원만 한 사람이 없으니 그 말이 사리에 들어맞는다. 이후로는 탕제나 환제를 막론하고 반드시 변의원에게 가부를 물은 뒤에야 결정해야 할 것이니, 너는 이 뜻을 알아야 한다."[141]

변관해가 적석지의 사용이 좋지 않겠다고 말하자, 심노암은 바로 적석지赤石脂 우여량탕禹餘粮湯과 귀비탕歸脾湯의 복용을 중지한다. 그리고 심노암은 변관해를 신중한 사람이라 평가하면서 약을 쓸 때 가부를 그에게 자문하라 했고, 그 뒤로 심원열은 실제로 그 뜻을 따랐다.[142]

변관해가 오랫동안 의관을 지낸 인물이었고, 당시에도 순조의 입진入診에 참여할 정도였기 때문에 특별히 그의 의견을 경청했던 것만은 아니었다.[143] 왜냐하면 홍욱호 역시 의학을 잘 안다고 하여 천거되었고,[144] 정조 때에 의약동참議藥同參 참여를 시작으로 순조 때에도 여러 관직을 지내다가 의약의 공으로 호조참의戶曹參議에 오른 인물이기 때문이다. 심노암이 그들의 의견을 판단할 지식도 있었겠지만, 동시에 변관해와 오래도록 교류했던 점도 크게 작용했다고 보인다.

우리는 몸이 아프면 다양한 의학 정보를 검색한다. 그렇지만 그 정보가 올바른 것인지, 나에게 직접 적용할 수 있을지는 판단하기 어렵다. 결국에는 정보를 이해할 능력이 필수적이다. 이와 마찬가지로 조선 후기 의학의 상업화 확대 과정에서 매우 특이한 현상이 발견된다. 과거와 비교해서 의약 이용의 가능성이 커졌지만, 의학을 요청하는 수요자들 특히 지식인 사회에서는 여전히 의학을 학습해야 할 필요성이 생겨난 것이다. 의약이 부족한 시기였던 조선 전기에는 자신과 가족의 치료에 직접 나서기 위해서 의학을 공부했다면,[145] 조선 후기를 살았던 사람들은 많은 의원과 약들 가운데 어떤 것을 선택할지를 두고 여전히 의학에 관심을 가져야 했다.

5

질병과 치료로 보는 조선

질병은 왜 생겨나는가?

　인간은 태어나는 순간부터 질병을 벗어날 수 없다. 간혹 어떤 사람은 질병 없이 매우 건강하게 살지만, 대부분은 질병을 경험하며, 불행하게 여러 질병을 함께 앓는 사람도 있다. 전염병이 유행하여 많은 사람이 죽어 나가는 상황에서도 전염병에 걸리지 않는 사람도 있기 마련이다. 장수하는 사람이 있는 반면에 요절하는 사람도 있다. 이처럼 인간의 건강과 질병, 수명은 예측하기 참으로 어렵다.

　사람이 살아가면서, 평생 질병으로 고통을 받지 않을 수는 없다. 태어나면서부터 죽을 때까지 우리를 괴롭히는 질병의 원인은 무엇일까? 그리고 그것을 피하면 건강하게 살 수 있고, 더 나아가 장수할 수 있는 것인가? 이는 현대를 살아가는 우리에게도 피할 수 없는 숙제이면서, 동시에 희망 사항이다. 이루어질 가능성이 거의 없기에 그저 희망일 뿐이지만 말이다.

　현대 의학의 괄목할 성과에 힘입어 우리는 질병을 일으키는 원인에 대해서도 많이 파악하고 있으며, 원인을 피하고 치료를 받으면서 그런대로 건강하게 살고 있다. 현대 의학에 따르면 질병은 크게 세 가지의 원인을 갖고 있는 듯하다. 첫째는 외부의 세균이나 바이러스와 같은 병원체에 의한 감염이며, 두 번째는 인체 내부 기관들의 기능이상이라고 할 수 있다. 그리고 육체와 상관없어 보이는 정신적인 요소가 세 번째 요인이다. 물론 이는 편의상 구분이라서 더 세세히 따지고 들어가면 달리 볼 여지도 있겠지만, 일반적 관점에서 크게 어긋나지는 않는다.

그렇다면 전통 시대를 살았던 사람들은 질병의 원인을 어떻게 파악했을까? 앞의 내용과 연결해서 보자면, 크게 세 가지로 요약된다. 첫째는 외부적 요인인데, 이른바 육기六氣 혹은 육음六陰이라고 불리는 풍風·한寒·서暑·습濕·조燥·화火의 기운이다. 즉 바람과 추위, 더위, 습기, 건조함, 불(의 열기)가 인체의 조화를 깨뜨려서 병이 생긴다고 이해한다. 우리에게 익숙한 중풍, 상한, 중서 등의 질병이 바로 이에 해당한다. 다음으로 내부적 요인으로, 외부적 요인이 아니라 음식과 기거起居 등으로 표현되는 생체 활동을 올바로 하지 못해서 인체 생리 작용의 근간이 되는 기혈氣血의 조화가 깨지고, 장부의 기능에 손상을 일으키게끔 한다고 본다. 전자를 외감外感, 후자를 내상內傷이라고 말하는데, 내상과 외감이 함께 하거나 아니면 그 밖의 원인이 있는 경우를 세 번째의 원인으로 파악했다.

이러한 인식의 기원은 매우 오래되었다. 고대에는 질병은 귀신 때문에 발생한다고 생각했고, 신과 소통하는 샤먼이 의사의 역할도 수행했다. 이런 의사를 무의巫醫라고 부른다. 시간이 흘러 자연과 의학에 대한 인식이 발전하면서 본격적으로 질병의 원인과 치료법이 체계화되었고, 중국의 전국 시대에 완성된 『황제내경』에서는 앞에서 언급한 내용이 서술되었다. 그리고 질병의 원인으로 3가지를 분명하게 정립한 것은 송나라 때에 진언陳言이 편찬한 『삼인극일병증방론三因極一病證方論』이라고 할 수 있다. 책의 제목이기도 한 삼인은 질병의 원인인 세 가지, 즉 내상, 외감, 내외상을 뜻하는 것이었고, 이후 전통 의학에서 질병을 분류하는 하나의 정식으로 인정받았다.

따라서 질병을 피하고 건강을 지키기 위해서 무엇을 할 것인지는 상당히 분명해진다. 그 예를 16세기 유학자인 유희춘이 쓴 양생론을 통해서 살펴볼 수 있다. 양생이란 말 그대로 생명 혹은 삶을 기른다는 의미로, 섭생攝生·섭양攝養·보양保養 등으로도 불린다.

> 매년 설날[元日]에는 항상 마음을 기쁘게 해야 한다. 아침에는 화를 내지 말고 낮에는 잠을 자서 원기元氣를 손상해서는 안 된다. 앉거나 누울 때에는 틈새로 들어오는 바람을 피하여 일체 풍한서습風寒暑濕을 맞으면 안 된다. 앉거나 누울 때는 반드시 햇볕이 드는 곳으로 하고, 음습陰濕한 곳에는 거처하지 않는다. 앉는 곳은 반드시 넓어야 하되, 옷이나 이불로

덮지 않는다. 땀이 나오면 곧바로 닦아내고, 부채질로 바람을 맞아도 안 된다. (목욕 후에도 역시 그렇게 한다) 의서에서 음식을 먹거나 노동으로 땀이 날 때, 여러 가지 병이 따라서 생긴다고 말하였다. 또 말하기를 땀이 나면 풍사風邪가 몸에 들어오니 땀이 없으면 양기陽氣가 단단해서 사기邪氣를 막고 몸을 상하지 않는다고 하였다. 음식 먹기가 끝나면 따뜻한 물로 양치하고 배를 문지르고 100보를 걷는다. 겨울에는 일찍부터 움직이지 않고, 여름에는 따뜻한 물을 마신다. 새벽에는 서리를 맞지 않으며, 추위를 무릅쓰고 일을 할 때에는 반드시 먼저 술을 마셔서 사기邪氣를 막는다. 해와 달을 바라보지 않으며 등불을 가까이하지 않고, 등을 끌 때 연기가 눈에 들어가지 않도록 한다. 독서하거나 글을 쓰는 것으로 너무 과로하지 말며, 40세 이후에는 항상 눈을 감아 사물을 보지 않는다. 썩은 과일, 묵은 냄새가 나는 생선, 상추, 살구씨, 4개월 된 닭, 서리맞은 생채소는 삼가고 먹지 않는다. 어탕魚湯을 많이 먹으면 위胃의 기운이 없게 만들고, 소고기, 생굴, 묵은 숭어탕 등은 모두 설사의 원인이 되니 삼가고 먹지 않는다. 독毒이 있는 것은 먹지 말며, 날것이나 찬 것도 많이 먹으면 안 된다. 동물을 함부로 죽이지 말며, 황새와 자라는

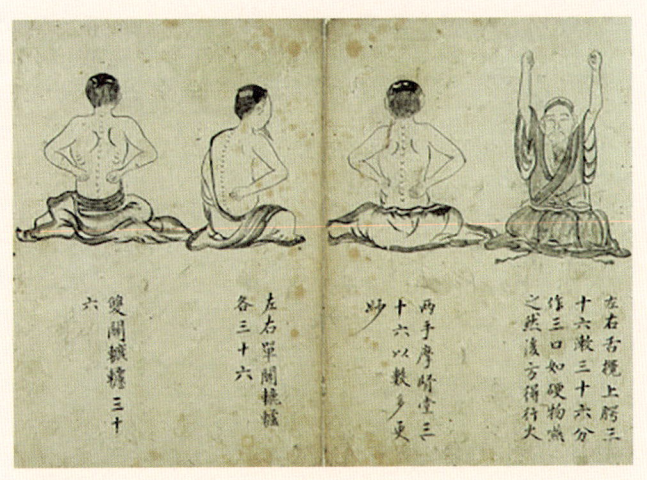

그림 10
이황李滉의 「활인심방活人心方」, 〈도인도導引圖〉,
한국국학진흥원 소장, 「이황 필적-선조유묵첩」의 제18첩

영혼이 있으니 더욱 해害를 가해서는 안 된다. 집안에 열병熱病이 있으면, 음식을 자주 먹어 배부르게 하여 사기邪氣가 들어오지 못하도록 한다. 열병이 나은 뒤에는 돼지·닭·생선·계란·술·밀가루·두부·생채·기름진 음식을 일절 삼가야 한다.[146]

유희춘은 허준을 천거한 인물로도 잘 알려져 있는데, 을사사화의 여파로 발생한 1547년(명종 2)의 양재역 벽서사건에 연루되어 20년 가까이 유배지를 떠돌았다. 이때 많은 독서를 했다고 하는데, 아마

5. 질병과 치료로 보는 조선

도 의서도 익히지 않았을까 한다. 왜냐하면 선조가 유희춘에게 양생론을 묻는 기록이 있기 때문이다. 그런 유희춘이 가족에게 전한 양생의 구체적인 방법이었다. 크게 보면 기거起居와 음식, 그리고 밖으로부터 들어오는 나쁜 기운인 사기를 막는 것이 원칙이었다.

의서를 한 번이라도 봤거나 혹은 의원과 몇 번 대화를 나누었다면, 이 정도의 양생법은 누구나 알았을 것이다. 이 외에도 도가적 수련법이나 체조와 유사한 안마按摩와 도인導引도 소개되어 있었다. 성리학 공부에 전념하느라 만성 소화불량에 시달렸던 이황이 명나라의 의원인 구선이 쓴 『활인심법活人心法』을 보고 도인을 직접하고, 그것을 베껴 별도로 책을 만들었음은 잘 알려진 사실이다.

그러나 이러한 사례는 의서나 도가의 서적, 그리고 의원을 접할 기회가 조금이라도 있는 경우에만 가능했다. 이에 양생의 원리와 방법을 체계적으로 서술한 의서가 등장하는데, 그것이 바로 『동의보감』이다. 수양을 우선으로 당대의 다양한 의학적 의견을 체계적으로 서술하라고 선조가 명령했는데, 이때 수양은 양생과 같은 의미였다. 그 명령을 충실하게 따라 허준이 편찬한 의서였던 『동의보감』이 1613년 간행된 이래 조선 후기에 가장 널리 읽힌 의서였기에, 『동의보감』에서 제시한 양생에 대한 지식은 조선 사회에 널리 퍼져 나갔다.

허준은 『동의보감』에서 단순히 양생의 방법, 즉 건강하게 사는 방법만을 서술한 것은 아니다. 그에 앞서 어떤 사람은 건강하고 다른 사람은 건강하지 못한지, 나아가 어째서 사람마다 수명은 다른지 등에 답을 제공하고자 하였다. 먼저 허준은 사람의 외형과 피부색으로 건강한지 그렇지 않을지를 미리 판별할 수 있다는 학설을 따른다. 즉 키가 작고, 체격이 왜소하며, 마르고 얼굴과 피부색이 검은 사람이 오래 산다. 반대로 키가 크고, 체격이 건장하며, 살이 찌고 얼굴과 피부색이 흰 사람은 그렇지 않다.[147] 현대인이 바라는 신체를 갖게 되면, 기대와 달리 건강하고 오래 살기는 틀렸다는 이야기다. 물론 이에 대해 이수광李睟光은 『지봉유설芝峯類說』에서, 저런 구분은 신체의 특성이 아닌 성품의 문제라고 말한다.[148] 성리학자의 관점에서는 당연히 그렇게 될 수밖에 없을 것이다.

이 외에도 맥이 늘어지고 느리게 뛰면 오래 산다고 말한다. 한편 형체가 충실하고 살결이 부드러운 사람은 오래 사는데, 만약 형체가 충실해도 살갖이 팽팽하면 오래 살지 못한다고 했다. 그리고 형체가 충실해도 광대뼈가 나오지 않은 사람은 뼈가 작고, 뼈가 작으면 일찍 죽는다고도 한다. 미인박명美人薄命이란 말처럼 아름다움의 정도와 수명의 길고 짧음은 서로 같지 않으니, 공평하다고 해야 하나.

그렇기는 하지만, 사람마다 수명이 다른 근본적인 원인은 무엇일까? 『동의보감』에서는 중국의 의학 고전인 『황제내경』을 인용해서 이렇게 말한다.

> 『소문』에는 "황제가 묻기를 '내가 듣기에는 상고시대의 사람은 모두 100살까지 살아도 동작이 떠지지 않았다[不衰]고 한다. 그런데 지금 시대의 사람들은 50살만 되면 동작이 모두 떠지는데 이것은 시대의 차이에 의한 것인가, 그렇지 않으면 사람들이 섭생을 잘못한 데 있는가.' 기백이 대답하기를 '상고시대의 사람들은 양생하는 도리를 알았기 때문에 음양의 이치에 잘 순응했고 몸을 단련하는 방법에 능숙하며 음식도 절도 있게 먹고 일상생활도 규칙적으로 하였다. 또한 허투루 과로하지 않았기 때문에 몸과 정신이 다 건전해서 100살을 더 살 수 있었다. 그러나 지금 시대의 사람들은 그렇지 못하다. 그것은 술을 물 마시듯 하고 취한 상태에서 성생활을 과도히 하여 정액을 줄어들게 함으로써 그 진기眞氣를 간직해 두지 못하고 또 아무 때나 성적 만족만을 추구하며 일상생활에서 절도가 없기 때문이다. 그래서 50살이 되면 쇠약해진다.'"라고 씌어 있다.[149]

결국 자기에게 주어진 명대로 살지 못하는 이유는 양생의 도리를 모르고, 알아도 실천하지 않기 때문이다. 음양의 이치, 즉 계절의 순환에 따라 맞춰서 살며, 몸을 틈틈이 단련하고, 음식을 절제하고 일상생활도 규칙적으로 해야 한다. 그런데 가장 중요한 것은 태어날 때 물려받은 진기를 잘 간직하는 일이다. 그 원칙은 무척이나 간단하다. 성생활을 자제해야 하는데, 그렇게 하면 상고시대 사람처럼 100살까지 살아도 몸이 쇠하지 않게 된다.

그리고 허준은 중국 명나라 때의 의원이며, 조선에서 널리 읽힌 『의학정전醫學正傳』의 저자인 우단虞搏의 말도 인용한다. 사람이 오래 살고 일찍 죽는 것은 각각 천명天命에 달린 것이며, 그 천명은 천지와 부모에게서 받은 타고난 원기이다. 아버지의 정과 어머니의 혈이 왕성하고 약해지는 것이 같지 않기 때문에 사람이 오래 살고 일찍 죽는 데 차이가 생긴다. 사람이 원기를 받고 태어날 때 부모가 다 튼튼하면 반드시 최고로 오래 살 수 있다. 그리고 원기를 받을 때 어느 한쪽 부모만 튼튼하면 반드시 보통 정도와 그 아래로 오래 살고 원기를 받을 때 부모가 다 쇠약하면 잘 보양해야 겨우 최하로 오래 살 수 있다. 그렇지 않으면 흔히 일찍 죽게 된다. 그렇지만 부모에게 받은 원기와 상관없이, 혹 풍風, 한寒, 서暑, 습濕의 외사外邪에 감촉되거나 굶거나 과식하거나 과로로 내상內傷까지 받게 된다

면 타고난 명을 제대로 살 수 없게 된다.[150]

　이렇듯 의서에서 제시된 양생의 기본 방법은 자연에 순응하며,[151] 욕망을 줄이라는 것이다.[152] 그리고 질병을 일으키는 외부적 요소인 바람이나 추위, 더위, 습기 등도 가능하다면 피해야 한다. 따라서 환자를 대하는 의원은 환자의 현재 상태에 적절한 치료법을 찾고 동시에 근본적으로 병인이 어디에 있는지를 살펴야 했다. 가령 설사를 한다고 했을 때, 그것이 음식을 잘못 먹어서인지, 아니면 더위 때문인지 알아야 했다. 그 밖에도 같은 증세라도 원인은 다를 수 있고, 원인은 같아도 증세가 다를 수 있기 때문이었다.

　전문가인 의원을 제외하더라도 식자층인 양반과 일부의 중인들이야 양생의 방법도 알았을 테고, 또 자신이 겪고 있는 질병을 상세하게 기록해서 의원에게 자문을 요구할 수 있었다. 반면에 매일 고단한 삶을 사는 촌가의 농부나 대가 집의 머슴 같은 인물들도 질병으로 고통받기는 마찬가지다. 간혹 치료를 받기도 했겠지만, 우리는 그들의 삶을 구체적으로 파악하기는 어렵다. 이처럼 사회를 구성하는 다양한 군상이 있듯이, 그들의 질병과 치료 양상, 의학에 대한 태도에서 당연히 차이가 발생한다. 그렇다면 역으로 질병을 통해 조선 사회의 단면들을 이해할 수도 있지 않을까?

질병이 말하는 조선 사회

전통 의학에 따르면 질병은 소우주라고 불리는 인체 내부의 조화가 흐트러진 상태라고 정의할 수 있을 텐데, 내부적 요인에 의하면 내상, 외부적 요인에 영향을 받으면 외감이라고 하였다. 그런데 외부적 요인은 풍·한·서·습·조·화라고 하는 육기, 즉 자연적인 요인에만 한정되지 않았고, 마찬가지로 인체 내부적 요인 역시도 오장육부로 대표할 수 있는 인체 기관으로만 한정할 수 없다. 특히 외부적 요인에 반응하는 감정적 요소도 매우 중요하게 작용한다.

인간은 사회적 동물이라는 명제처럼, 세상을 등지고 신선이 되기를 구하는 사람이 아닌 이상에야 항상 사회 혹은 공동체의 일원으로 살아간다. 작게는 가족 공동체에서 시작해 마을, 지역, 국가의 단위로 점점 확대되는 사회 공동체 속에서 한 개인은 여러 방식으로 규정된다. 가장 작은 공동체라고 할 가정 안에서도 부부의 일원이며, 동시에 내 부모의 아들(딸)이고, 내 아이의 아버지(어머니)이다. 공동체의 규모가 커지고 관계가 복잡해지면서, 이러한 관계는 헤아릴 수 없을 정도로 양상이 복잡해진다. 그리고 공동체를 유지하기 위한 관계 간의 질서도 존재한다. 윤리, 예의, 규정, 법률 등 여러 방식이 있고, 공동체 저마다 이러한 질서 유지의 기제가 작동한다. 공동체 유지의 규범들은 때로 구성원인 개인에게 의무나 부담으로 작용하며, 그것이 질병으로 나타나기도 한다.

한국 사회에 있어서 매우 특이한 질병이 바로 화병火病이다. 화병은 신체 증상을 동반하는 우울증으로 우울감, 식욕 저하, 불면 등의 우울 증상 외에도, 호흡이 곤란하거나 심박이 항진되기도 하고, 몸 전체의 통증 또는 명치에 뭔가 걸려 있는 느낌 등의 신체 증상이 동반되어 나타난다. 일반적인 우울증과 마찬가지로 주변 환경으로부터 오는 스트레스가 주요 원인이라고 하는데, 특별히 한국의 여성에게 많이 나타난다. 그래서 한때 미국 정신의학회에서 만든 정신질환 분류 기준인 『정신질환 진단 및 통계 편람Diagnostic and Statistical Manual of Mental Disorders』에 화병이 한국의 특유 질환으로 정식 등록된 적도 있었다. 그것도 한국식 표기인 "hwa-byung"으로. 유독 한국에서 나타나게 된 배경이야, 결혼 생활을 하는 많은 여성들이 겪는 상황이 주된 원인이다. 그리고 이는 조선시대에서도 마찬가지였다.

삼강오륜에 따른 가부장적 사회가 확고해진 조선 후기에는 이러한 상황이 분명하게 나타났다. 18세기의 기록인 『역시만필』에서는 화병의 기록이 8개 정도 있다. 그중에서도 첩을 얻은 남편을 원망하다가 기이한 병을 앓게 된 부인과 시댁 식구와 한판 싸운 뒤에 쓰러진 며느리, 한 많은 청상과부의 모습은 가정 안에서 억눌린 삶으로 병을 얻게 된 여성의 모습이 잘 그려져 있다.

먼저 정3품 당상관을 지낸 홍첨지라는 인물의 며느리는 시집에서 다투고, 화가 나서 여러 날 음식을 먹지 않았다. 그런데 갑자기 가슴속이 뭉친 듯 갑갑한 증상이 생기더니, 결국에는 정신을 잃고 인사불성이 되었다. 가슴이 얼마나 답답했는지, 허공에 헛손질을 해대며 딸꾹질하는 와중에도 가슴을 손으로 두드리곤 했다. 게다가 연유를 묻는 의원에게 그녀는 도통 대답을 하지 않았는데, 의원 이수기는 맥을 짚고는 감정 때문에 기가 거꾸로 솟아 울체되어서 병이 되었다고 판단하였다. 다행스럽게도 기운의 울체를 풀어주는 분신기음 3첩을 쓰고야 낫게 되었는데, 의원을 잘 만난 덕이었다.[153]

시댁과 어느 정도의 갈등이 생기는 것은 당연하다. 부모와 자식 사이에서도 화목하기가 쉽지 않은데, 하물며 며느리는 어떻겠는가? 문제는 시댁이라는 울타리에 갇힌 며느리에게 그런 감정을 배출할 방법이 전혀 없기에 결국 마음의 상처는 곪아서 인사불성의 정도까지 되었다는 점이다. 어디 그 며느리뿐이었을까? 게다가 의원에게 속 시원히 털어놓지도 못하니, 진단과 처방을 해야 하는 의원은 매우 힘들었을 것이다.

시댁보다 부인이 감정을 상하게 되는 이유는 대체로 남편에게 있다. 남녀의 정서적인 측면은 다른 면이 많다고 말하지만, 조선에서는 그에 더불어 사회적 요인이 덧붙여 있었다. 결혼한 부인에게 주어진 많은 의무 가운데, 무엇보다 가문을 잇는 일이 가장 중요했다.

그렇지 못하면 대부분 남편은 새로 부인을 얻어서 대를 잇고자 했으며, 게다가 여러 부인을 얻는 축첩이 용인되는 상황은 남자들의 욕정을 부채질했다. 이러한 예로 『역시만필』에는 색욕이 지나쳐 골수의 정기가 다 빠져나가 고통받는 환자, 성병으로 보이는 증상에 시달리는 병자, 그리고 질병에 걸렸음에도 성관계를 했다가 결국 사망에 이른 환자들의 사례가 다수 소개되어 있다.[154]

조씨 성을 가진 이의 부인의 사례가 이에 해당했다. 그녀의 증상은 땀이 심하게 나는 것이었는데, 그것도 잠잘 때만 땀이 나는 도한盜汗이었다. 의원은 몸이 허하려니 생각하고 기운을 더해주는 보중익기탕補中益氣湯을 처방했으나 효과가 없었다. 게다가 뜨거운 음식을 먹어도 입안에서는 얼음처럼 차갑게 느껴진다고 말하여, 의원은 기이한 질병이라고 생각하고는 다양한 약을 썼으나 소용이 없었다. 결국 남편에게 부인의 감정을 상하게 할만한 어떤 일이 있었는지 확인하자, 남편은 자식이 없어 후사를 얻기 위해 새로 아내를 얻었음을 털어 놓았다. 그리고 아내가 그 일로 마음이 상해 항상 성이 난 상태였고, 그 후로 병이 생겼다고 말했다. 의원은 앞서와 같이 가슴에 뭉친 기운을 풀어주는 분신기음을 여러 첩 처방하여, 결국 부인의 질병을 치료하였다.[155]

이 이야기에서 흥미로운 대목은 부인의 상태를 의원이 판단할 때, 일반적 질병의 분류를 벗어났다고 여겼다는 점과 "여자의 성품은 편벽되어 감정[七情]이 울체된 것을 쉽게 풀지 못합니다."라고 말한 부분이다. 어디 화병이 여성의 전유물이었겠는가? 그럼에도 여성에게 주로 발생하는 이 증상의 원인을 여성의 성품 문제로 여겼다. 유사하게 전통 시대에 가장 어려운 상황에 있었던 여성이라고 할 과부나 비구니에게는 특별한 처방이 있기도 했다. 『동의보감』에 나오는 시호억간탕柴胡抑肝湯이 대표적이다. 즉 이들은 음陰만 성하고 양陽이 없어서 성욕이 싹트나 원하는 바를 이루지 못하여 학질같이 오한惡寒과 발열發熱이 나는데, 이를 치료하는 처방이라고 의서에서 설명한다.[156]

정서가 원인이었던 질병이 여성에만 있지는 않았다. 정치적·사회적 격변기일수록 급작스레 가세가 번창하기도 하지만, 거꾸로 집안이 몰락하는 때도 많다. 1997년 한국을 강타한 IMF 경제위기로 단란했던 많은 가족이 하루아침에 길거리로 내몰리고 뿔뿔이 흩어져 경제적 고통을 받았음을 잘 알고 있다. 모르긴 몰라도, 그들 역시 정서적으로 고통을 받았을 것이다. 이와 유사하게 신분이 높았던 사람이 갑자기 천하게 되거나 부유했던 사람이 가난하게 되어 정서의 질병이 되는 것을 전통 의학에서는 각각 탈영脫營과 실정失精이라고 하였다.[157]

탈영과 실정은 사실상 정신병의 하나라고 할 수 있는데, 『역시만필』에는 부유했던 사람이 갑자기 부모를 잃고 가업이 쇠락해서 생

5. 질병과 치료로 보는 조선

긴 사례도 보인다. 재기를 위해 노력했음에도 번번이 실패하고 억울함이 쌓이자, 술에 빠져 배가 부어오르고 호흡이 가빠지는 상태였다.[158] 다행스럽게도 치료의 효과가 있었지만, 그렇다고 그 젊은이의 질병이 완전히 사라질 수 있을까? 사회에는 자신이 기대하는 결과를 얻지 못하고 절망하는 사람은 있게 마련이고, 그들을 사회적인 차원에서 구제할 수 있는 제도가 마련된다고 하더라도 완전한 치료는 불가능하다. 더욱이 사회의 안전망이 없다면, 더욱 난감해질 수밖에 없다. 이는 신분제 사회에서 상위층을 차지하였던 조선의 양반도 마찬가지다.

양반들은 신분제의 최상위층에 있었지만, 기본적으로 양반 행세를 위해서는 과거 급제가 필요하였다. 과거에 급제하지 못했다고 해서 하위 신분으로 떨어지지는 않지만, 관료가 되기에 앞서 무엇보다 집안 내의 기대를 충족시키거나 주변의 명망을 얻을 가장 좋은 기회가 과거급제였기 때문이다. 어려서부터 글공부를 시작했다고 하지만 과거, 특히 대과에 급제하기는 결코 쉬운 일이 아니다. 정규 과거는 3년에 한 번씩 치러지는 식년시인데, 합격자의 인원은 고작 33명에 불과해서 1년에 11명을 뽑는 꼴이었다. 따라서 시험에 대한 중압감은 매우 컸다.

『흠영』을 쓴 유만주는 시험 중압감의 피해자였다. 증조할아버지는 지중추부사知中樞府事에 오른 유광기俞廣基이고, 아버지는 문장가

이자 서예가로 명성을 날린 유한준俞漢雋이었다. 경제적으로 여유롭지는 않았지만, 기계유씨 집안은 영·정조 시기에 현달한 집안이었다. 유만주 역시 학문을 즐겨 했지만, 웬일인지 과거 합격과는 인연이 없었다. 그러다 보니 과거를 매우 비판적으로 볼뿐만 아니라, 나아가 자신을 쓸모가 없는 존재 즉 '아무것도 아닌 사람'에 가까울 정도로 여겼다.[159] 자기 존재에 대한 부정을 겪는 유만주의 상태를 신경·정신과적으로 따져본다면 초기 우울증 정도에 해당하지 않을까?

유만주보다 더 흥미로운 사례가 은수룡의 의안에 등장한다. 어느 날 의원 은수룡을 찾아온 환자는 인근에 사는 18살 아이의 아버지가 전한 이야기였다. 그의 셋째 아이가 글공부만 하다가, 어느 날 서당에서 집으로 오다 길에 넘어져 정신을 잃었다. 깨어나서는 사람을 알아보지 못하고 헛소리를 하며, 시도 때도 없이 웃는 상태였다. 그런데 특이하게 정신이 없는 상태에서도 글은 줄줄 외고 시도 짓고 하였는데, 오히려 멀쩡했을 때보다 좋았다고 한다. 아이를 치료하기 위해 주변의 의원을 찾아가 치료했지만, 효과는 없고 몇 달이 지나면서 병세가 심해져 은수룡에게 문의하러 온 것이었다. 은수룡은 기허氣虛로 진단하고 육미탕六味湯을 복용하게 해서 환자가 나았지만,[160] 이 사례를 접하는 우리는 '글공부가 뭐길래'라는 생각을 떨쳐내기 어렵다. 공부로 몸이 상할 정도였고, 게다가 정신을 잃고서도 글을 지을 만큼 공부에 대한 심적 압박이 심했던 이유는 무엇일까? 이야기에서는 명확하게 드러나지 않지만, 과거 합격을 향한 강한 열망 때문일 것이다.

의원들이 남긴 의안 속의 환자는 대체로 조선 사회의 상위 계층인 양반인 경우가 많았지만, 매우 드물게 하층민 이야기도 등장한다. 어쩌면 훨씬 열악한 환경에 처한 하층민이 질병에 노출되기 쉬운데도, 조선 사회에서 차지하는 인구의 비중에 비해 그들의 상태를 언급한 경우가 많지는 않다. 글을 알아서 병록을 작성하는 일도 흔치 않았을 테지만, 혹시 있다고 하더라도 해당 문서가 현재까지 남아 있을 가능성은 거의 없기 때문이다. 다만 의원들이 기록한 의안이나 일부 양반 지식인들이 남긴 기록물에서 확인되는데, 그런 점에서 그들은 철저히 묘사의 대상으로만 존재한다는 비참한 처지를 대변한다.

그나마 하층민 가운데 노비의 치료 사례가 주로 언급되는 이유는 노비의 소유주였던 양반이 자신의 사회·경제적 기반으로써 중요한 의미를 두고 있었기 때문이다. 16세기 성주로 유배 중이던 이문건은 특히 노비들의 건강에 신경 썼는데, 집안에 충실했던 늙은 노비 향덕禿德이 죽자, "평소 가산家産을 잘 지키고 근로한 수고가 있다."라고 하면서 슬픔을 드러내는 모습에서 노비와 주인과의 관계를 엿볼 수 있게 한다. 같은 이유로 노비 줏지注叱가 후종喉腫을 앓자 성주의 의생醫生인 박인형朴仁亨을 불러 침을 놓게 하였으며, 특히 겨울에 시내를 건너다 상한에 걸린 노비 효원孝元을 위해서는 직접 이중탕理中湯과 소시호탕小柴胡湯을 지어서 전달하기도 했다.[161]

한편 이수기가 남긴 의안에서는 150여 개의 사례 가운데, 환자가 노비인 경우는 6개뿐이다. 조선 후기에 경제력을 갖춘 천민들도 일부 등장한다는 사실과는 다르게 질병에 걸렸을 때 진료를 받을 수 있는 천민들은 매우 소수였다고 생각할 수 있다. 그나마 노비들의 사례는 다른 환자들의 이야기에 비해 매우 단순한데, 홍참봉의 고향집 송의 예는 긴 이야기와 함께 매우 녹특한 점들이 있다. 그는 치료를 위해 서울로 올라왔고, 게다가 여러 의원의 진료도 받은 상태였다. 아마도 홍참봉에게 중요한 노비였던 듯한데, 수십 첩에 해당하는 약을 아끼지 않을 정도였다. 치료가 끝난 후에 방문한 노비에게 여전히 남은 증상이 있어 추가로 약을 처방하면서, 이수기는 이런 말을 남긴다. "네 상전이 이렇게 건장한 사내종을 얻었으니 분명 약값을 아까워하지 않을 게다. 약을 더 먹고서, 기어이 쾌차하거라."[162] 이 종은 다행스럽게도 좋은 상전을 만났다고 기뻐해야 하는지, 아니면 자신의 건강을 약값으로 계산하는 처지를 슬퍼해야 하는지, 우리는 판단할 수 없다.

질병으로 본 인체와 자연

　병록과 의안을 검토하면서, 조선시대를 살았던 사람들이 겪었던 고통의 흔적과 치료의 양상을 보았다. 질병을 일으키는 요인은 다양했지만, 전통 의학에서는 내인과 외감으로 크게 구분하고, 그에 맞춰 치료 방법을 구하였다. 그런데 내인과 외감이라는 구분에 건강과 질병이라는 관점을 더해, 자연과 인체에 대한 이해도 파악할 수 있다. 대우주라 불리는 자연과 소우주로 여겨지는 인체가 합쳐져, 하나의 일관된 세계관이 만들어지기 때문이다.

　자연과 인간의 상관성에 대한 언급은 『동의보감』에도 잘 묘사되어 있다. 당나라 때의 의원인 손사막孫思邈의 글을 인용한 대목이다.

> 사람은 하늘과 땅 사이에서 가장 고귀한 존재다. 머리가 둥근 것은 하늘을 본받았고, 발이 모난 것은 땅을 본받은 것이다. 하늘에는 사시四時가 있고, 사람에게는 사지四肢가 있다. 하늘에는 오행五行이 있고, 인체에는 오장五臟이 있다. 하늘에는 육극六極이 있고, 사람에게는 육부六腑가 있다. 하늘에는 팔풍八風이 있고, 사람에게는 여덟 관절이 있다. 하늘에는 아홉 개의 별이 있고, 사람에게는 아홉 개의 구멍이

> 있다. 하늘에 십이시十二時가 있듯이, 사람에게는 십이경맥十二經脈이 있다. 하늘에 이십사기二十四氣가 있듯이, 사람에게는 이십사수二十四兪가 있다. (중략) 땅에 샘물이 있듯이 사람에게는 혈맥血脈이 있다. 땅에 초목이 있듯이 사람에게는 모발毛髮이 있으며, 땅에 쇠와 돌이 있듯이 사람에게는 이빨이 있다.[163]

이에 따르면 인체는 그야말로 자연으로 대표되는 하늘과 땅의 축소판이며, 그렇기에 소우주라고 불린다. 그러나 이는 정적인 형태로서의 자연과 인체를 대비시켜 놓은 것일 뿐, 우리가 겪는 질병에 대해서는 전혀 언급이 없다. 이대로라면 인체는 언제나 완전한 상태, 즉 건강한 상태에 놓여 있을 것이다.

하지만 사시와 오행, 팔풍 등으로 표현된 자연에는 질서 있는 변화가 내재한다. 즉 사시는 봄·여름·가을·겨울의 변화이며, 오행에는 목木·화火·토土·금金·수水가 상생相生과 상극相剋을 통해 변화한다. 마찬가지로 8개로 나뉜 방위에서 불어오는 바람인 팔풍도 일정한 때에 따라 주기적으로 달라진다. 이러한 변화는 필연적인 요소이며, 자연이라는 용어에 함축된 의미이다.

인체 역시도 자연처럼 필연적 변화의 과정이 존재한다. 그것이 바로 태어나서 늙고 죽는다는 사실이다. 『동의보감』에서는 『영추경靈樞經』을 인용하여, 변화의 과정을 이렇게 설명한다.

> 황제가 묻기를 '원기가 왕성하고 쇠약해지는 것은 무엇 때문인가.' 기백이 대답하기를 '사람이 나서 10살이 되면 오장이 비로소 안정되고 혈기도 통하기 시작하며 진기眞氣가 아래로 내려가기 때문에 잘 달린다. 20살이 되면 혈기가 왕성해지기 시작하며 근육이 더 자라기 때문에 걸음이 빠르다. 30살이 되면 오장이 완전해지고 근육이 단단해지며 혈맥이 왕성하고 충실해져서 잘 걸을 수 있다. 40살이 되면 오장육부와 12경맥이 모두 왕성해지다가 정지되면서 주리腠理가 성글기 시작하고, 화색이 없어지며 수염과 머리털이 희기 시작하고, 기혈은 보통 정도로 왕성하면서 변동하지 않기 때문에 앉기를 좋아한다. 50살이 되면 간기肝氣가 쇠약하기 시작해서 간엽肝葉이 얇아지며, 담즙도 줄기 시작해서 시력이 떨어진다. 60살이 되면 심기心氣가 쇠약하기 시작해 근심과 슬픔이 많으며, 혈기가 쇠약하기에 눕기를 좋아한다. 70살이 되면 비기脾氣가 허약해져 피부가 마른다. 80살이 되면 폐기肺氣가 쇠약해져 넋이 나가기 때문에 헛소

리를 잘 한다. 90살이 되면 신기腎氣가 마르고 4장四藏의 경맥도 몹시 허해진다. 100살이 되면 5장이 모두 허해지고 정신이 없어지며 형체와 뼈만 남아서 죽는다.'¹⁶⁴

이외에도 현대 의학에서 말하는 성징性徵과 유사한 변화가 남성에게는 8의 배수로, 여성에게는 7의 배수로 드러난다고 말한다. 다만 우리가 아는 성징이 1·2차로 끝나는 것과 달리, 전통 의학에서는 배수에 따른 변화는 계속 진행된다. 마침내 남성은 8의 제곱수인 64세에 이르러 남성성이 완전히 사라지고, 여성은 7의 제곱수인 49세에 여성성이 사라진다.¹⁶⁵

결국 전근대 사람들은 사시·오행 등으로 표현된 자연의 주기적이고 규칙적인 변화와 함께 인체 역시 일정한 패턴을 띠며 변화한다고 생각한 것이다. 그런 점에서 특정 나이가 되면서 그에 따라 나타나는 일련의 변화란 자연의 일부로서 당연한 귀결로 여겼는데, 그렇다면 건강은 그 변화에서 크게 어긋나지 않는 인체의 현상으로 파악될 수 있다.

인체의 변화가 시간의 경과에 따라 필연적으로 자연스럽게 진행된다고 말할 수 있다면, 질병은 그 과정이 특정한 요인에 의해 깨어진 상태다. 그 요인은 다시 필연적인 것과 우연적인 것으로 구분된다. 계절의 변화는 자연스러운 현상이지만, 그 변화에 인체가 적응하지 못하면 질병에 걸리게 된다. 『동의보감』에서 계절에 따라 삶의 양태를 바꾸어야 한다고 말한 대목이 이에 해당한다.

즉 봄은 "천지 간에 생기가 다 발동하여 만물이 소생하고 번영한다. 이때는 밤에 일찍 자고 아침에 일찍 일어나서 뜰을 거닐며 머리를 풀고 몸을 편안하게 늦추어 주며 마음을 유쾌하게 하며 생겨나는 만물에 대해서는 그 생장을 도와주고 죽이지는 말며 주기는 하면서 빼앗지는 말며 상은 주되 벌은 주지 말아야 한다. 이것이 봄철에 맞게 양생하는 방법이다."라고 말하는 식이다.[166] 이는 유희춘이 양생의 방법으로, 겨울에는 추우니 밖에 나가야 한다면 옷을 두껍게 입고 술을 한잔 걸치라는 조언과 비슷하다. 하지만 계절의 커다란 흐름과 달리 갑자기 추워지거나 더워지거나, 아니면 바람이 심하게 불거나 하는 때도 있다. 사실 자연은 멀리서 보면 필연적이지만, 옆에서 보면 우연이 넘쳐 난다.

시간이라는 요소 외에 공간이라는 측면도 주목해야 한다. 질병을 일으키는 외적인 요소인 풍한서습조화風寒暑濕燥火 가운데 풍·습·조 등은 공간적인 의미도 내포하고 있다. 바닷가나 섬 지역은 대체로 바람이 많이 불고, 또 습도도 높은 편이다. 마찬가지로 한반도 북부의 산악지역은 척박한 곳이며 겨울철에는 추위가 심해서, 조선의 관료들은 이들 남쪽 지역이나 북방으로 부임하기를 꺼렸다.[167] 공간적 특성이 건강을 해칠 가능성도 있다는 인식인데, 실제 병록을 남긴 환자들은 기거起居가 미친 영향을 밝히기도 했다. 앞서 자기 맘대로 판단하고서는 성향정기산을 복용했던 환자는 "올해 여름에 근 한 달간의 장마 중에 간혹 습한 곳에 거처하여, 수족이 마비되고, 머리 위로 어떤 기운이 덮친 듯하고, 다른 사람의 말소리가 머리와 가슴에 맺혔다."라고 설명했다.

시간과 공간의 변화에서 나타난 결과인 우연적 사건, 즉 질병의 대처는 인간에게 있다는 인식이 바로 양생론의 근거가 된다. 또 나이가 들면서 나타나는 인체의 자연적인 생리 변화도 규칙성이 있으므로, 자신의 선택에 따라 언제든 달라질 수 있다고 이해한다. 양생론이란 필연적인 변화의 과정에서 우연적인 사건인 질병의 발생을 사전에 대처함으로써 건강을 유지하려는 노력이었다. 하지만 그 노력이 항상 성공을 거두기는 어려운 것이, 자연의 변화에서 보이는 규칙성은 거시적 측면이지만, 미시적 상황에서는 늘 변수가 있었기 때문이다. 갑작스럽게 몰아친 한파나, 예측할 수 없는 태풍처럼, 자연의 변덕은 그들의 예상 밖에 존재했다.

게다가 인간은 공동체를 이루며, 자기를 둘러싸고 많은 관계를 맺으면서 살아가는 존재라는 점도 크게 영향을 미친다. 공동체 안에는 일정한 규칙이 있어서, 자신의 의지와 상관없이 삶을 규제당하기도 한다. 양생의 도리를 알지만, 실천하기 어려운 환경이다. 귀양을 떠나 섬과 바닷가로 전전해야 했던 김성탁 같은 인물이나, 가족의 질병 치료에 자문할 의원을 찾아 추위를 무릅쓰고 먼 길을 떠나야 하는 사람, 동료들의 권유로 어쩌지 못하고 많은 술을 마셔 병이 난 관료처럼 질병을 강제하는 우연적인 요소는 곳곳에 숨어 있었다.

  병록에는 미처 다 기록되지 못했더라도, 환자들이 겪었을 자연적 혹은 사회적인 고통이 묘사된다. 그 고통을 벗어나기 위해 의원을 찾고 문의하는 글에서, 절박함은 세세하게 그려진 고통의 흔적에서 드러난다. 그것은 최선의 치료를 위해 작은 단서라도 제시하겠다는 의지의 표현이기도 하다. 마찬가지로 의원들은 익혀온 지식을 토대로 그 단서들을 모아 질병을 판단하고, 치료법을 찾으려고 노력했다. 의안에는 의원들의 질병과의 결투를 단순히 그려내는 것을 넘어, 조선 후기 변화하는 의료계의 상황 속에서 자신을 전문가로 구축하려는 인간 존재가 벌이는 치열한 노력이 그대로 드러난다.

❈ 나오는 말_ 남겨진 과제

500여 년을 넘게 지속한 조선 왕조의 시기를 살았던 사람들의 삶은 당연히 지금의 우리와는 다를 수밖에 없다. 무엇보다 살고 있는 환경이 달라졌기 때문인데, 여기서 말한 환경이란 자연적인 요소만을 말하는 것이 아니라 사회적·문화적·기술적인 측면을 포함하는 복합적인 개념이다. 의학 역시 그처럼 복잡한 환경 요소를 근거로 형성되기 때문에, 조선시대의 의학 혹은 의료를 이해한다는 것은 조선 사회의 역사적인 모습을 살펴보는 데에도 분명한 역할이 있다.

기본적으로 의학의 발전을 이끈 동력은 질병으로부터의 도피, 즉 치료에의 욕망에서 시작되지만, 동시에 의학의 사회 속 역할을 이해하는 방식과 의학의 실천을 현실화하기 위한 노력에 바탕을 두고 있다. 즉 치료의 욕망이 기술의 발전을 가져왔다면, 의료의 보급이 나아가 사회 안정의 구축에 역할을 한다는 인식은 제도화를 추진케 한다. 조선 전기에 향약鄕藥의 담론이 활발해지고, 다른 편에서 중국으로부터 새로운 의학 이론들을 수용하려는 태도는 바로 의학을 제도화하는 방식이었다. 물리적 기술의 발전이 거의 없던 시기, 다양한 이론의 수용은 한정된 지적 테두리 안에서 취하는 기술의 다

변화로 이해할 수 있는 방식이었다. 그 결과물이 조선 초기에 완성된 『향약집성방』과 『의방유취』였다.

어쨌거나 우리가 한의학이라고 부르는 전통 의학이 조선시대를 살았던 사람들에게는 유일한 의학이었다. 그들은 오장육부五臟六腑로 구성된 인체와 생기生氣를 돌게 하는 정기신精氣神에 문제가 생겨 질병이 발생한다고 이해했으며, 그것을 치료하기 위해 초목을 비롯한 자연물인 약재를 가공해 사용하고, 때로는 침과 뜸이라는 동아시아 특유의 기술도 이용했다. 그 지식체계가 현재에도 유의미한지를 따지기보다, 오랫동안 최선의 의학이었다는 사실만 기억하자.

조선시대를 관통해 의학·의료에서 나타난 가장 큰 변화는 의학이 '인술仁術'이라는 관념적 평가에서 벗어나 '이윤 추구'의 실제로 전환된 것이다. 그러나 이러한 변화는 의술이 사회에서 작동하게 만드는 계기일 뿐, 고통받는 환자와 이를 치료하는 의원 사이에 벌어지는 일상은 크게 달라지지 않았다. 물론 당파로 대변되는 정치적 경직성과 사회경제적 변화가 낳은 유동성이 공존하는 조선 후기에 이윤을 추구하는데 의학은 매력적인 직업이 되었다. 현달한 양반에 비할 수야 없겠지만, 몰락한 양반이나 글깨나 읽었다는 사람들이 자유로이 투신할 수 있었기 때문이다.

사회 변화와 관계없이 환자와 의원은 언제나 질병을 통해 서로 연결되었다. 병원과 같은 시설이 없는 상황에서 진료는 주로 왕진 방식으로 이루어졌으며, 때로는 문서를 통해 정보가 교환되었다. 이러한 사실을 잘 보여주는 것이 바로 병록病錄과 의안醫案이다. 병록은 치료가 필요한 환자가 자신의 증상을 낱낱이 적어서 의원에게 문의한 기록이며, 의안은 의원이 환자를 치료한 과정과 결과를 직접 기록한 문건이다.

병록을 보면, 환자나 그 가족들이 질병을 얼마나 꼼꼼하게 묘사하는지 놀라울 지경이다. 그리고 질병의 기억은 시간을 거슬러 몇 년, 아니 십여 년의 시간을 뛰어넘는다. 하나라도 더 정보를 제공해서 합당한 치료를 받고자 하는 의지가 보이는 대목이며, 동시에 과거의 질병이 여전히 내 몸 어딘가에서 영향을 미친다고 생각했음을 알려준다. 그리고 더 훌륭한 의원을 찾기 위한 노력으로 병록은 한 의원에게만 보내지지 않았으며, 또한 다른 의원이 치료한 경과까지 자세히 밝혀놓았다.

한편 의안 역시 병록과 마찬가지로, 자신의 진료 현장에서 겪었던 사실을 빠짐없이 기록하는 상세함에 놀라게 된다. 환자 집안의 사정과 환자의 병력, 자질구레한 증상, 자신이 질병을 판단한 근거, 그리고 처방과 치료의 결과는 기본이고, 다른 의원과의 경쟁을 어떻게 극복했고, 어떻게 환자와 가족들을 설득했는지도 포함되었다.

대략 18세기 이후 작성된 주요 의안들을 통해서, 앞서 언급한 조선 후기 의학계의 변화가 실제 진료의 자리에서 의원 간의 경쟁 속에 분명하게 나타났다.

병록과 의안에는 환자의 고통과 의원의 진료만 기록된 것이 아니라, 그 저변에 있던 다양한 사회적 변화상이 환자와 의원을 중심으로 미미하게라도 그려진다. 가부장적 사회에 억눌린 여성의 이야기, 사회경제적 변동으로 인해 몰락한 이의 우울감, 과거로 대변되는 학업의 고충, 그저 몇 푼의 돈으로 환산되는 머슴의 건강 등이 그렇다. 특히 『역시만필』의 저자인 이수기가 그려낸 환자의 모습은, 거꾸로 전문가 지식인으로서 이수기가 갖고 있는 사람들에 대한 애정을 느끼게도 한다.

역사는 승자의 기록이라는 말이 있다. 역사는 남겨진 기록을 바탕으로 구성되기 마련인데, 아무래도 패자의 기록보다는 승자의 이야기가 더 많고, 더하여 권력을 쥔 이들의 견해 혹은 가치관이 영향을 미쳐 사실관계가 재구성되기 때문이다. 마찬가지로 이 책에서 다루어진 의학, 진료 현장의 이야기도 역사의 어느 순간, 기록을 남긴 이들의 글을 통해서 구성된 것이다. 결국 글을 쓸 수 있는 사람이 만든 이야기를 따라가야 하는 강제성이 있고, 다른 측면에서 그렇지 못한 사람들의 삶을 찾기란 여전히 쉽지 않다는 한계가 있다.

그러다 보니 의원은 말할 것도 없이, 등장하는 환자 대부분이 식자계층일 수밖에 없다.

미처 그려내지 못한 하층민의 상황은 어땠을지 알려면 충분한 노력이 필요하다. 세세한 자료의 검토와 함께 당시 삶을 살았던 이들이 처한 환경에 대한 정확한 이해, 사회적 관계가 어떻게 형성되는지 등등의 문제를 꼼꼼하게 살필 필요가 있다. 하지만 자료의 부족 문제는 어쩔 수 없으니, 당시 사람들의 삶을 상상해 보는 것으로 대신하고자 한다.

몇백 년 전 한반도에 살았던 대다수 사람에게 삶이란 너무나 척박했다. 해마다 이어지는 보릿고개에 몸은 야윌 수밖에 없었고, 땔나무도 별로 없이 웃풍이 부는 초가집에서 어렵사리 겨울을 나는 일상이었다. 영양부족으로 질병에 취약해진 몸은 밖으로부터 전해져 오는 자연의 변화를 견디기 힘들었다. 지금이야 감기에 걸리면 약을 먹고 따뜻한 방에서 조리하지만, 그들에게는 마땅한 약을 구하기도 힘들었고, 한기가 가득한 방에서 덜덜 떨면서 잠시 쉬는 것이 전부이지 않았을까?

주위의 고통에 무감각한 시대를 사는 우리에게 역사 속 실제가 가려진 사람들의 고통은 쉽게 잊힌다. 몇 년 전까지 모두 경험했던 팬데믹의 상처도 시간이 지나서 기억하는 사람이 없어진 이후에는 그저 감염자나 사망자의 숫자로만 파악될 것이다. 하지만 개개인이 느꼈던 고통의 집합으로 코로나 유행 시점의 역사가 구성되어야 마땅하듯이, 조선시대를 살았던 사람들의 삶도 단순한 문자나 숫자가 아닌 넓은 지식과 따뜻한 감성으로 보듬어지기를 바라며, 짧은 글이지만 조금이라도 독자들에게 조선시대를 살았던 이들의 삶이 전달될 수 있기를 기대한다.

주석

들어가는 말

1 의사는 보통명사로서 질병을 치료하는 전문직을 가진 사람을 말한다. 하지만 조선 시대를 비롯한 전근대 사회에서는 통상 의원이라는 호칭을 사용했으므로, 국가가 자격제도를 운영해서 성립한 근대적 의미의 의사와 의원을 구분해서 사용해야 한다. 그러나 여기서는 구분이 필요한 경우를 제외하고 가급적 의원이라는 용어로 통일해서 사용한다.

2 조선에서 농업기술이 계속해서 발달했다고는 하지만, 여전히 기후변화에 따라 풍흉이 결정되었다. 1670~1671년 사이의 경신庚辛 대기근이나 1695~1699년의 을병乙丙 대기근이 대표적인 사례라고 할 수 있다.

3 조선시대 의학의 변화를 밝힌 많은 연구를 짧은 지면에 모두 소개할 수는 없다. 한국 의학사 연구의 고전이라고 할 김두종金斗鍾의 『韓國醫學史』(탐구당, 1966)가 있으며, 독자들이 편하게 읽을 수 있는 글로, 여인석 외, 『한국의학사』, 역사공간, 2018을 참조할 수 있다.

4 참고로 세종 때에 『의방유취』가 처음 편찬되었을 적에는 365권이었지만, 이후 계속된 교정을 거쳐 최종적으로 성종 때에 이르러 266권, 264책으로 간행되었다.

5 권채權採는 『향약집성방』 서문에서 의서의 완성으로, "인정仁政의 본말本末과 크고 작은 것[巨細]을 남김없이 다했다."라고 평가했다(『세종실록』 권60, 세종 15년 6월 11일 임진).

1. 환자를 괴롭힌 질병들

6 이 문제와 관련하여 신동원은 『호열자, 조선을 습격하다』, 역사비평사, 2004에서 변강쇠가 걸린 수많은 악병의 종류를 통해, 조선시대의 질병 리스트를 흥미롭게 제시했다.

7 17세기 초반에 성홍열로 추정되는 당독역唐毒疫이 등장하고, 이어 마진痲疹으로 불리는 홍역이 유행했던 사실이 있지만, 이들이 새롭게 출현했다고 보기는 어렵다. 그런 이유에서 19세기 전반 조선에 유입된 콜레라가 사실상 거의 유일한 새로운 질병이었다.

8 이경록, 「《향약제생집성방鄉藥濟生集成方》과 조선초기의 의약」, 『국역 향약제생집성방』, 세종대왕기념사업회, 2013.

9 세종은 『향약집성방』을 처음 전라도와 강원도에서 인쇄하게 한 이후 각지에 보급했고, 성종 때에는 필요한 부분을 초록하고 언문으로 번역해서 민간에 배포하도록 했다. 이러한 사실에서 『향약집성방』이 조선 전기 임상 현장에서 널리 사용되었음을 알 수 있다. (『세종실록』 권61, 세종 15년 8월 27일 정미; 『성종실록』 권220, 성종 19년 9월 20일 경진)

10 『세종실록』 권60, 세종 15년 6월 11일 임진.

11 金南一, 「『鄉藥集成方』의 인용문헌에 대한 연구」, 『진단학보』 87, 진단학회, 1999; 김호, 1999, 「여말선초 '鄉藥論'의 형성과 『鄉藥集成方』」, 『진단학보』 87, 진단학회, 1999.

12 이경록, 「조선전기 『의방유취』의 성취와 한계-'상한'에 대한 인식을 중심으로」, 『한국과학사학회지』 34(3), 한국과학사학회, 2012; 이경록, 「고려와 조선전기 중풍의 사회사」, 『태동고전연구』 30, 한림대학교 태동고전연구소, 2013.

13 김성수, 「조선 전기 鄉藥 정책과 『鄉藥集成方』의 편찬」, 『韓國史硏究』 171, 한국사연구회, 2015.

14 장근호·최규진, 「개화기 서양인 의사의 눈으로 본 한국인의 질병-'조선정부 병원 제1차년도 보고서'(1886년)와 '대한제국병원 연례보고서'(1901년)를 중심으로-」, 『역사연구』 36, 역사학연구, 2019.

15 현재는 공식 용어로 '감염병'을 사용하지만, 독자들에게 익숙한 '전염병'으로 표기한다. 이외에도 유행병, 시행時行, 역병疫病, 역려疫癘 등 다양한 표현이 기록에서 등장한다.

16 이외에도 조선시대에는 다양한 전염병이 유행하였다. 성홍열로 추정되는 당독역이나, 두창과 유사한 홍역은 그나마 알려진 것들이며, 알 수 없는 많은 질병이 역병이나 창진 등의 이름으로 구분 없이 표현되었다.

17 김성수, 「朝鮮前期 痘瘡 流行과 『瘡疹集』」, 『한국한의학연구원 논문집』 16(1), 한국한의학연구원, 2010.

18 이경록, 「조선 중종 19~20년의 전염병 창궐과 그 대응」, 『중앙사론』 39, 중앙대학교 중앙사학연구소, 2014.

19 『중종실록』 권53, 중종 20년 8월 1일 무자.

20 국가의 공식적인 감염병 통계인 질병관리청의 다음 사이트를 통해 확인한 수치이다.
https://dportal.kdca.go.kr/pot/cv/trend/dmstc/selectMntrgSttus.do

21 『중종실록』 권96, 중종 36년 11월 18일 경자, "史臣曰 … 哀我人斯 一何運命之窮也?"

22 두창에 걸리면 먼저 점이 생겼다가 부풀어 오르고, 이어서 고름이 차고, 나중에 딱지가 생기면서 떨어지는 모습이 마치 꽃이 시드는 것처럼 보여 천화天花라 했다고 한다.

23 『세조실록』 권27, 세조 8년 2월 14일 기묘.

24 南孝溫, 『추강집秋江集』 권5, 論, 「鬼神論」.

25　金邁淳, 『대산집臺山集』 권12, 祭文, 「送痘神文」.

26　Kim Seong-su, "Publication of Obstetric Books and Actual Childbirth Cases of the Choson Dynasty", Horizon 2, 2010.

27　김호, 「'以義順命'의 길: 다산 정약용의 種痘法 연구」, 『민족문화연구』 72, 고려대학교 민족문화연구원, 2016.

28　『노상추일기盧尙樞日記』 4, 1824년 5월 12일.

29　『日記 丁巳始』, 1860년 윤 3월 15일.

30　박기수, 「淸 중엽 牛痘法의 도입과정과 광동 行商의 역할」, 『명청사연구』 40, 명청사학회, 2013; 김호, 「'以義順命'의 길: 다산 정약용의 種痘法 연구」, 『민족문화연구』 72, 고려대학교 민족문화연구원, 2016.

31　신동원, 「한국 우두법의 정치학: 계몽된 근대인가, '근대'의 '계몽'인가」, 『한국과학사학회지』 22(2), 한국과학사학회, 2000.

32　감염병학회, 『韓國傳染病史』 군자출판사, 2009. 이 책은 한국 고대부터 근대까지 나타난 다양한 전염병을 역사적으로 고찰하고 있다.

33　필립 지글러, 『흑사병』, 한은경 옮김, 한길사, 2003. 이 책에서는 페스트가 중세 유럽의 사회와 문화, 종교 및 사상 등에 미친 영향을 흥미롭게 서술하고 있다.

34　김성수, 「묵재일기默齋日記가 말하는 조선인의 질병과 치료」, 『역사연구』 24, 역사학연구소, 2013.

35　『묵재일기』 1552년 4월 7일·9일.

36　『묵재일기』 1546년 5월 14일.

37　『묵재일기』 1555년 3월 1일.

38　『묵재일기』 1562년 5월 5일·9일.

39　『묵재일기』 1563년 9월 16일.

40 『묵재일기』 1563년 12월 16일.
41 백내장의 외과적 치료법이 있기는 했지만 실제로 조선에서 행해진 경우는 찾아볼 수 없다. 백내장의 외과적 치료법에 대해서는 김성수·강성용, 「인도 안과의학의 동아시아 전래와 『용수보살안론』」, 『의사학』 22(1), 대한의사학회, 2013 참조.
42 『묵재일기』 1556년 4월 11일. 이하 『묵재일기』에 나타난 두창에 대한 자세한 서술은 김성수, 「조선시대 전기」, 『한국전염병사』, 대한감염학회, 2009, 152-159쪽.
43 『묵재일기』 1556년 5월 4일; 1556년 5월 19일; 1556년 6월 6일.
44 『묵재일기』 1556년 11월 16일.

2. 병록에 보이는 고통의 기록

45 『백불암선생역중일기 百弗庵先生曆中日記』 권1, "平生所輯曆書, 始自丁未, 總若干卷, 而至丁巳, 始有日錄, 以前無錄可考, 特於乙卯遭外艱, 雖無逐日所錄, 而侍湯中邀醫用藥之節, 記之甚詳, 故今謄出, 始自是年, 至於逐日成錄, 自丁巳始"
46 『백불암선생역중일기』 권1, 1735년 4월 1일.
47 『백불암선생역중일기』 권1, 1735년 7월.
48 박동욱, 「학질, 학을 떼게 만드는 고통의 기억-심원열의 「침질기」를 중심으로-」, 『한국한문학연구』 84, 한국한문학회, 2022.
49 김호, 「18세기 후반 居京 士族의 衛生과 의료 - 『欽英』을 중심으로」, 『서울학연구』 11, 서울시립대학교 서울학연구소, 1998; 김성수, 「18세기 후반 의학계의 변화상-『欽英』으로 본 조선후기 의학-」, 『한국문화』 65, 서울대학교 규장각한국학연구원, 2014.
50 『흠영』 1782년 2월 11일.

51 대표적으로 숙종 조에는 진상품에 도라지를 이용하여 가짜로 만든 인삼이 올라오기도 하였다. 『승정원일기』 460책, 숙종 37년 4월 14일 임신.
52 『흠영』 1786년 7월 29일.
53 『흠영』 1783년 10월 14일.
54 『흠영』 1786년 6월 15일.
55 『고문서집성』 7, 한국정신문화연구원, 1990, 500쪽.
56 신동원, 『조선의약생활사』, 들녘, 2014, 516-524쪽.
57 『고문서집성』 8, 한국정신문화연구원, 1990, 69쪽.
58 https://jsg.aks.ac.kr/dir/view?dataId=ANC_G002%2BAKS%2BKSM-XG.0000.0000-20101008.B068a_A01_00948_001
59 촌백은 오장五臟에 머무르는 해충을 의미하는 용어로, 특히 비脾에 있는 충蟲을 말한다.
60 『고문서집성』 7, 한국정신문화연구원, 1990, 500쪽.
61 김정수, 「조선시대 病症錄의 문서학적 고찰」, 『古文書硏究』 59, 한국고문서학회, 2021.
62 『고문서집성』 7, 한국정신문화연구원, 1990, 501쪽.
63 『고문서집성』 7, 한국정신문화연구원, 1990, 520쪽.
64 『고문서집성』 7, 한국정신문화연구원, 1990, 508-511쪽.
65 『고문서집성』 7, 한국정신문화연구원, 1990, 527쪽.
66 『고문서집성』 66, 한국정신문화연구원, 2003, 686쪽.

3. 의원의 치료와 의안

67 『단종실록』 권4, 단종 즉위년 12월 25일 계축; 『예종실록』 권6, 예종 원년 6월 29일 신사.

68 『성종실록』 권16, 성종 3년 3월 14일 경술.

69 『세조실록』 권32, 세조 10년 정월 2일 을묘; 『세조실록』 권33, 세조 10년 5월 15일 정묘; 『성종실록』 권10, 성종 2년 5월 25일 정유.

70 『계림의사鷄林醫事』

71 김대원, 「18세기 民間醫療의 成長」, 『韓國史論』 39, 서울대학교, 1998; 신동원, 「조선후기 의원의 존재 양태」, 『한국과학사학회지』 26(2), 한국과학사학회, 2004; 신동원, 「조선시대 지방의료의 성장: 관 주도에서 사족 주도로, 사족 주도에서 시장 주도로: 강릉 약계(1603~1842)의 조직과 해소를 중심으로」, 『韓國史研究』 135, 한국사연구회, 2006; 김성수, 「朝鮮後期 私的 醫療의 성장과 醫業에 대한 인식 전환」, 『의사학』 18(1), 대한의사학회, 2009.

72 『의방유취』 권1, 總論1, 備急千金要方, 「論大醫習業」.

73 『단종실록』 권4, 단종 즉위년 12월 25일.

74 김성수, 「朝鮮時代 醫員의 변화와 自己意識 형성」, 『한국한의학연구원』 17(2), 한국한의학연구원, 2011.

75 『의방유취』 권1, 總論1, 備急千金要方, 「論大醫精誠」.

76 『세조실록』 권27, 세조 8년 2월 14일 기묘; 『성종실록』 권7, 성종 1년 9월 23일 무술.

77 申大羽, 『완구유집宛丘遺集』 권5, 墓文一, 「蘇君墓銘」.

78 이기복, 「의안醫案으로 살펴보는 조선후기의 의학-실행과정에서 보이는 의학지식에 대한 태도와 행위를 중심으로」, 『한국과학사학회지』 34(3), 한국과학사학회, 2012; 이기복, 「18세기 의관 이수기李壽祺의 자기인식: 기술직 중인의 전문가의식을 중심으로」, 『의사학』 22(2), 대한의사학회, 2013.

79 이기복, 「18세기 의관 이수기李壽祺의 자기인식: 기술직 중인의 전문가의식을 중심으로」, 『의사학』 22(2), 대한의사학회, 2013.

80　홍세영·안상우, 「『愚岺雜著』에 관한 일고」, 『호남학연구』 46, 전남대학교 호남학연구원, 2009; 박상영 외, 「愚岺 張泰慶 生涯 硏究」, 『한국의사학회지』 24(1), 한국의사학회, 2011.

81　이선아, 『殷壽龍의 경험방에 관한 연구』 원광대학교 박사학위논문, 2002. 조선 후기 의안의 현황에 대해서는 이기복, 2012, 앞의 논문, 434-436쪽 참조.

82　하기태 외, 「『醫門寶鑑』에 수록된 周命新 醫案에 대한 연구」, 『대한한방부인과학회지』 13(1), 대한한방부인과학회, 2000.

83　『의문보감醫門寶鑑』 권1, 傷寒.

84　신동원 외, 『한권으로 읽는 동의보감』 들녘, 1999, 425-427쪽.

85　신동원·오재근·이기복·전종욱 역, 『역시만필』, 들녘, 2015, 286-287쪽. 이하 『역시만필』의 인용은 신동원 외의 번역본을 대상으로 하였다.

86　『역시만필』, 137-138쪽.

87　『역시만필』, 175-176쪽.

88　『역시만필』, 208-210쪽.

89　『역시만필』, 104-106쪽.

90　『역시만필』, 141-142쪽.

91　『역시만필』, 101-102쪽.

92　『역시만필』, 418-420쪽.

93　『역시만필』, 424-425쪽.

94　이선아, 앞의 논문, 14쪽, 재인용.

4. 환자와 의원의 관계

95　반덕진, 『히포크라테스』, 사이언스북스, 2006, 15-16쪽.

96 『의방유취』 권1, 總論1, 『備急千金要方』, 「論大醫習業」.
97 『의방유취』 권1, 總論1, 『備急千金要方』, 「論大醫習業」.
98 『세조실록』 권31, 세조 9년 12월 27일 신해.
99 『의방유취』 권1, 總論1, 『備急千金要方』, 「論大醫習業」.
100 김성수, 「朝鮮後期 私的 醫療의 성장과 醫業에 대한 인식 전환」, 『의사학』 18(1), 대한의사학회, 2009.
101 丁若鏞, 『여유당전서與猶堂全書』 7집, 『마과회통麻科會通』 권4, 吾見, 「俗醫」.
102 『承政院日記』 154책, 효종 10년 2월 8일 기사.
103 김호, 「18세기 후반 居京 士族의 衛生과 의료-『欽英』을 중심으로」, 『서울학연구』 11, 서울시립대학교 서울학연구소, 1998.
104 『흠영』 1785년 10월 28일.
105 『승정원일기』 1691책, 정조 15년 6월 20일 癸亥.
106 우인수, 「조선후기 상주 존애원의 설립과 의료 기능」, 『대구사학』 104, 대구사학회, 2011.
107 김호, 「16~17세기 조선의 지방 醫局 운영: 경북 영주의 濟民樓를 중심으로」, 『국학연구』 37, 한국국학진흥원, 2018.
108 이규대, 「조선후기 藥局稧의 일고찰」, 『史學論叢』, 又仁金龍德博士停年紀念史學論叢刊行委員會, 1988.
109 『흠영』 1782년 8월 8일.
110 이에 대해서는 김호, 앞의 논문, 124쪽에 당시 역병의 발생 추이와 관련하여 잘 설명되어 있다.
111 『흠영』 1781년 11월 18일; 1781년 11월 21일; 1781년 11월 23일.
112 『흠영』 1787년 정월 20일.
113 『흠영』 1784년 6월 13일.

114 『흠영』 1786년 5월 3일; 1786년 5월 5일. 이에 따르면 그는 마진 치료에 주로 황금·황련·시호·석고 등 찬 성질의 약을 주로 사용한 의사였다.

115 『세종실록』 권47, 세종 12년 3월 18일 무오; 『세조실록』 권32, 세조 10년 정월 2일 을묘.

116 『세조실록』 권32, 세조 10년 정월 2일 을묘.

117 16세기의 인물인 李文楗의 『默齋日記』를 보더라도 이문건은 치질로 고통을 받고 있었고, 일기에 상세히 기록되어 있다.

118 『흠영』 1782년 3월 13일; 1784년 2월 21일.

119 『흠영』 1785년 5월 30일. 다른 의원 임씨는 어머니의 창종瘡腫과 유만주의 치질도 자문했다. 그도 치질 전문 의원이었던 것으로 보인다(『欽英』 1785년 6월 11일).

120 『흠영』 1786년 12월 7일.

121 『흠영』 1786년 12월 17일.

122 『흠영』 1777년 7월 16일. 7년 후의 기록에 의하면, 젊은 나이임에도 불구하고 백내장이 있었던 것으로 보인다(『欽英』 1784년 6월 22일).

123 『흠영』 1776년 6월 17일; 1777년 5월 12일; 1777년 7월 1일.

124 『흠영』 1778년 7월 19일; 1778년 9월 17일; 1780년 윤 5월 20일. 황백이나 황련은 열을 내릴 때 사용하는 약으로, 눈병의 원인을 열로 이해한 듯하다.

125 『흠영』 1784년 6월 10일.

126 『흠영』 1784년 6월 12일.

127 『흠영』 1784년 6월 12일.

128 『흠영』 1784년 6월 30일; 1784년 10월 14일; 1785년 8월 13일; 1785년 8월 16일.

129 『역시만필』, 32-35쪽.

130 Kim Seong su, 「From Woohwang Cheongsimwon(牛黃淸心元) to Ginseng(人蔘)」, 『의사학』 26(2), 대한의사학회, 2017.

131 權榘, 『병곡집屛谷集』 권6, 雜著, 「醫說」.

132 權榘, 『병곡집』 권6, 雜著, 「醫說」.

133 李好閔, 『오봉선생집五峯先生集』 권7, 論, 「老醫不孟浪殺人論」.

134 鄭宗魯, 『입재유고立齋遺稿』 권16, 說, 「醫說」.

135 鄭宗魯, 『입재유고』 권16, 說, 「醫說」.

136 박동욱, 「학질, 학을 떼게 만드는 고통의 기억-심원열의 「침질기」를 중심으로-」, 『한국한문학연구』 84, 한국한문학회, 2022.

137 『흠영』 1784년 11월 12일.

138 『흠영』 1782년 8월 8일.

139 김호, 「18세기 후반 居京 士族의 衛生과 의료-『欽英』을 중심으로」, 『서울학연구』 11, 서울시립대학교 서울학연구소, 1998, 129-130쪽.

140 『학음산고鶴陰散稿』 권5, 「寢疾記」, 1800년 11월 30일.

141 『학음산고』 권5, 「寢疾記」, 1800년 12월 2일.

142 박동욱, 「학질, 학을 떼게 만드는 고통의 기억-심원열의 「침질기」를 중심으로-」, 『한국한문학연구』 84, 한국한문학회, 2022.

143 정조 4년에 의술이 뛰어나다는 이유로 등용되어, 왕실 진료에 참여할 정도였다(『승정원일기』 1460책, 정조 4년 3월 15일 갑오).

144 『승정원일기』 1600책, 정조 10년 5월 5일 정미.

145 16세기 중반 경상도 지역에서 유의儒醫와 같은 활동을 하였던 이문건李文楗과 이정회李庭檜 같은 인물이 대표적이라고 할 수 있다. 김성수, 「16세기 鄕村醫療 實態와 士族의 대응」 『한국사연구』 113, 한국사연구회, 2001, 47-54쪽.

5. 질병과 치료로 보는 조선

146 柳希春, 『미암집眉岩集』 卷4, 「養生治生第三」.

147 許浚, 『동의보감東醫寶鑑』, 內景篇, 권1, 「身形」.

148 李睟光, 『지봉유설芝峯類說』, 권15, 身形部, 「容貌」.

149 『동의보감』, 내경편, 권1, 「壽夭之異」.

150 『동의보감』, 내경편, 권1, 「壽夭之異」.

151 『동의보감』, 내경편, 권1, 「四氣調神」.

152 『동의보감』, 내경편, 권1, 「以道療病」.

153 『역시만필』, 55-56쪽.

154 『역시만필』, 90-120쪽에 열거된 10개의 사례가 그 예이다.

155 『역시만필』, 46-47쪽.

156 『동의보감』 잡병편, 권10, 「寡婦師尼之病異乎妻妾」.

157 김성수, 「조선 전기 주요 의서에 나타난 정서의 질병에 대한 인식: 탈영脫營과 실정失精을 중심으로」, 『연세의사학』 24(2), 연세대학교 의학사연구소, 2021.

158 『역시만필』, 62쪽.

159 김하라, 「한 주변부 사대부의 자의식과 자기규정-유만주俞晚柱의 『흠영欽英』을 중심으로-」, 『규장각』 40, 서울대학교 규장각한국학연구원, 2012.

160 이선아, 앞의 논문, 24-25쪽.

161 김성수, 「16세기 鄕村醫療 實態와 士族의 대응」, 『韓國史硏究』 113, 2001.

162 『역시만필』, 386-388쪽.

163 『동의보감』 내경편, 권1, 「神形藏府圖」.

164 『동의보감』 내경편, 권1, 「人氣盛衰」.

165 『동의보감』 내경편, 권1, 「年老無子」.

166 『동의보감』, 내경편, 권1, 「四氣調神」.
167 이기복, 「의원의 서사로 본 조선 후기 의료의 사회문화적 풍경」, 『한국문화』 98, 서울대학교 규장각한국학연구원, 2022. 이 글에서는 질병을 다양한 요인에 의해 발생하는 우연적인 사건으로 정의하며, 여러 요인의 하나로서 지역적 특성도 잘 묘사하고 있다.

◈ 참고문헌

1. 자료

『朝鮮王朝實錄』.

『承政院日記』.

『古文書集成』.

『歷試慢筆』.

『默齋日記』.

『盧尚樞日記』.

『欽英』.

『日記 丁巳始』.

『百弗庵先生曆中日記』.

『秋江集』.

『眉岩集』.

『芝峯類說』.

『臺山集』.

『宛丘遺集』.

『與猶堂全書』.

『屛谷集』.

『五峯先生集』.

『立齋遺稿』.

『鶴陰散稿』

『鄕藥集成方』.

『醫方類聚』.
『東醫寶鑑』.
『醫門寶鑑』.

2. 저서

감염병학회, 『韓國傳染病史』, 군자출판사, 2009.
金斗鍾, 『韓國醫學史』, 탐구당, 1966.
반덕진, 『히포크라테스』, 사이언스북스, 2006.
신동원, 『호열자, 조선을 습격하다』, 역사비평사, 2004.
＿＿＿, 『조선의약생활사』, 들녘, 2014.
신동원 외, 『한권으로 읽는 동의보감』, 들녘, 1999.
신동원·오재근·이기복·전종욱 옮김, 『역시만필』, 들녘, 2015.
여인석 외, 『한국의학사』, 역사공간, 2018.
필립 지글러, 『흑사병』, 한은경 옮김, 한길사, 2003.

3. 논문

김남일, 「『鄕藥集成方』의 인용문헌에 대한 연구」, 『진단학보』 87, 진단학회, 1999.
김대원, 「18세기 民間醫療의 成長」, 『韓國史論』 39, 서울대학교, 1998.
김성수, 「16세기 鄕村醫療 實態와 士族의 대응」, 『한국사연구』 113, 한국사연구회, 2001.

김성수, 「朝鮮後期 私的 醫療의 성장과 醫業에 대한 인식 전환」, 『의사학』 18(1), 대한의사학회, 2009.

_____, 「朝鮮前期 痘瘡 流行과 『瘡疹集』」, 『한국한의학연구원 논문집』 16(1), 한국한의학연구원, 2010.

_____, 「朝鮮時代 醫員의 변화와 自己意識 형성」, 『한국한의학연구원』 17(2), 한국한의학연구원, 2011.

_____, 「『묵재일기默齋日記』가 말하는 조선인의 질병과 치료」, 『역사연구』 24, 역사학연구소, 2013.

_____, 「18세기 후반 의학계의 변화상-『欽英』으로 본 조선후기 의학-」, 『한국문화』 65, 서울대학교 규장각한국학연구원, 2014.

_____, 「조선 전기 鄕藥 정책과 『鄕藥集成方』의 편찬」, 『韓國史硏究』 171, 한국사연구회, 2015.

_____, 「조선 전기 주요 의서에 나타난 정서의 질병에 대한 인식: 탈영脫營과 실정失精을 중심으로」, 『연세의사학』 24(2), 연세대학교 의학사연구소, 2021.

김정수, 「조선시대 病症錄의 문서학적 고찰」, 『古文書硏究』 59, 한국고문서학회, 2021.

김하라, 「한 주변부 사대부의 자의식과 자기규정-유만주兪晚柱의 『흠영欽英』을 중심으로-」, 『규장각』 40, 서울대학교 규장각한국학연구원, 2012.

김 호, 「18세기 후반 居京 士族의 衛生과 의료-『欽英』을 중심으로」, 『서울학연구』 11, 서울시립대학교 서울학연구소, 1998.

_____, 「여말선초 '鄕藥論'의 형성과 『鄕藥集成方』」, 『진단학보』 87, 진단학회, 1999.

_____, 「'以義順命'의 길: 다산 정약용의 種痘法 연구」, 『민족문화연구』 72,

고려대학교 민족문화연구원, 2016.

김 호, 「16~17세기 조선의 지방 醫局 운영: 경북 영주의 濟民樓를 중심으로」, 『국학연구』 37, 한국국학진흥원, 2018.

박기수, 「清 중엽 牛痘法의 도입과정과 광동 行商의 역할」, 『명청사연구』 40, 명청사학회, 2013.

박동욱, 「학질, 학을 떼게 만드는 고통의 기억-심원열의 「침질기」를 중심으로-」, 『한국한문학연구』 84, 한국한문학회, 2022.

박상영 외, 「愚岑 張泰慶 生涯 硏究」, 『한국의사학회지』 24(1), 한국의사학회, 2011.

신동원, 「한국 우두법의 정치학: 계몽된 근대인가, '근대'의 '계몽'인가」, 『한국과학시학회지』 22(2), 한국과학시학회, 2000.

_____, 「조선후기 의원의 존재 양태」, 『한국과학사학회지』 26(2), 한국과학사학회, 2004.

_____, 「조선시대 지방의료의 성장: 관 주도에서 사족 주도로, 사족 주도에서 시장 주도로: 강릉 약계(1603~1842)의 조직과 해소를 중심으로」, 『韓國史硏究』 135, 한국사연구회, 2006.

우인수, 「조선후기 상주 존애원의 설립과 의료 기능」, 『대구사학』 104, 대구사학회, 2011.

이경록, 「조선전기 『의방유취』의 성취와 한계-'상한'에 대한 인식을 중심으로」, 『한국과학사학회지』 34(3), 한국과학사학회, 2012.

_____, 「고려와 조선전기 중풍의 사회사」, 『태동고전연구』 30, 한림대학교 태동고전연구소, 2013a.

_____, 「《향약제생집성방鄕藥濟生集成方》과 조선초기의 의약」, 『국역 향약제생집성방』, 세종대왕기념사업회, 2013b.

_____, 「조선 중종 19~20년의 전염병 창궐과 그 대응」, 『중앙사론』 39,

중앙대학교 중앙사학연구소, 2014.

이규대, 「조선후기 藥局稧의 일고찰」, 『史學論叢』, 又仁金龍德博士停年紀念 史學論叢刊行委員會, 1988.

이기복, 「의안醫案으로 살펴보는 조선후기의 의학-실행과정에서 보이는 의학지식에 대한 태도와 행위를 중심으로」, 『한국과학사학회지』 34(3), 한국과학사학회, 2012.

_____, 「18세기 의관 이수기李壽祺의 자기인식: 기술직 중인의 전문가의식을 중심으로」, 『의사학』 22(2), 대한의사학회, 2013.

_____, 「의원의 서사로 본 조선 후기 의료의 사회문화적 풍경」, 『한국문화』 98, 서울대학교 규장각한국학연구원, 2022.

이선아, 『殷壽龍의 경험방에 관한 연구』, 원광대학교 박사학위논문, 2002.

장근호·최규진, 「개화기 서양인 의사의 눈으로 본 한국인의 질병-'조선정부병원 제1차년도 보고서'(1886년)와 '대한제국병원 연례보고서'(1901년)를 중심으로-」, 『역사연구』 36, 역사학연구소, 2019.

하기태 외, 「『醫門寶鑑』에 수록된 周命新 醫案에 대한 연구」, 『대한한방부인과학회지』 13(1), 대한한방부인과학회, 2000.

홍세영·안상우, 「『愚岑雜著』에 관한 일고」, 『호남학연구』 46, 전남대학교 호남학연구원, 2009.

Kim Seong-su, "Publication of Obstetric Books and Actual Childbirth Cases of the Choson Dynasty", Horizon 2, Institute of Humanities, Seoul National University, 2010.

_____, 「From Woohwang Cheongsimwon (牛黃淸心元) to Ginseng (人蔘)」, 『의사학』 26(2), 대한의사학회, 2017.